漢詩의 세계

第2回 成均館全國漢詩紙上白日場

詩題 : 湯之盤銘

성균관 유교문화활성화사업단

發 刊 辭

유림(儒林) 제현(諸賢) 여러분! 그리고 전국 한시 동호인(同好人) 여러분! 지난 해에 이어 금년도 제2회성균관전국한시백일장을 개최하게 된 점을 매우 기쁘게 생각합니다.

이번 시제는 "湯之盤銘"이었습니다. 이 말은 모두 알다시피 은나라 탕왕이 욕조에 새겨놓은 "日日新 又日新"(나날이 새롭고 새로워라)을 말한 것입니다. 탕(湯)은 하(夏)나라를 무너뜨리고 은(殷=商)라를 세운 왕입니다. 유교에서는 성왕(聖王) 중의 한 분으로 받드는 분인데, 그럼에도 불구하고 끊임없이 스스로를 수양하기 위해 욕조에 "일일신"이라는 말을 새긴 것입니다.

이와 같이 유교의 덕목은 끊임없는 수양을 강조하는 것입니다. 수양하지 않으면 인간의 욕망을 벗어나기 어렵기 때문에 죽을 때까지 수양을 해야 하는 것입니다. 그리고 변화하는 환경 속에서 변화하지 않으면 생존하기 어렵습니다. 그렇기 때문에 날로 변하고 새롭게 태어나야 합니다. 우리는 그동안 변화를 두려워하며 살았습니다. 이번 기회를 시작으로 우리도 "일일신"하는 계기가 되었으면 좋겠습니다.

이번에도 많은 분들이 좋은 시를 출품해주셔서 감사드리고, 수상을 하게 된 분들에게는 축하를 드립니다. 그리고 비록 이번에는 낙방하였다고 하더라도 실망하지 말고 다음 기회를 기다려 보시도록 용기와 격려를 드립니다. 아울러 본 사업을 위해 지원해주신 문화체육관광부 장관 및 종무실 관계자 여러분께 감사드립니다. 끝으로 심사를 해주신 고선(考選) 위원들께도 진심으로 감사드리며, 성균관유교문화활성화사업단 여러분에게도 치하의 말을 드립니다.

　감사합니다.

孔紀2572年(2021) 9月 28日

成均館長 **孫 晉 瑀** 謹識

考 選 評

전국 한시 동호인 여러분!

지난해는 코로나19로 지상 백일장을 개최했는데, 금년도 역시 코로나 극성을 피할 수 없어 또 紙上으로 실시하게 되었습니다. 不敏한 제가 2년 연속 考選委員長이라는 중책을 맡아 백일장을 진행하였습니다.

요즘 우리 사회가 공정을 중요한 개념으로 이야기하고 있듯이 저희 고선 위원들께서도 공정한 심사를 하였음을 알아주시기 바랍니다. 금년에도 전국에서 많은 분들이 참여하셔서 좋은 작품을 출품하였습니다. 모든 분들에게 장원을 드릴 수 있으면 좋겠지만 경쟁인 이상 그렇지 못함을 이해해주시기 바랍니다.

시제인 "湯之盤銘"은 대부분의 儒林 諸賢들이 알고 있는 구절이라 생각합니다. 그에 따라 출품작들도 학식을 갖춘 글들이 많았고 그점 때문에 심사에 더욱 많은 시간이 걸렸습니다.

금번 선정된 장원을 비롯한 입선 작품도 매우 엄중하게 선정하였습니다. 다시 한 번 수상하게 된 여러분께 慶賀의 말씀을 드리고, 성균관 한시백일장에도 더욱 많은 관심을 기울여주시기 바랍니다. 내년에는 코로나19가 모두 제거되고 함께 모여 경쟁하고 아름다운 글을 짓는 모임이 되기를 희망해 봅니다.

　가을 바람이 솔솔 불어오는 계절에 공부자탄강 2572년 기념식과 유교문화축제를 거행하며 한시 동호회원 및 유림과 함께 하게 된 것을 진심으로 축하드립니다.

　진행을 위해 애써주신 성균관 관계자와 유교문화활성화사업단 최영갑 단장님을 비롯한 연구원 모든 분들에게도 심심한 감사를 전합니다.
　감사합니다.

孔紀2572年(2021) 9月 28日

第2回 成均館全國漢詩白日場
考選委員長　宋 哲 炫 謹識

第2回 成均館全國漢詩白日場 집행위원회

위 원 장	**宋 哲 炫**	(成均館 元老會議 議長)
부위원장	**趙 松 來**	(成均館 總務處長)
위 원	**崔 瑛 甲**	(儒敎文化活性化事業團長)
위 원	**朴 光 泳**	(成均館 總務部長)
위 원	**오 흥 녕**	(儒敎文化活性化事業團 研究員)
위 원	**전 수 연**	(漢詩白日場 實務者)

第2回 成均館全國漢詩白日場 考選委員

考選委員長　宋 哲 炫

委　　　員　尹 烈 相

委　　　員　鄭 相 鎬

委　　　員　裵 然 禹

委　　　員　鄭 斗 根

목 차

발간사 ·· 3

고선평 ·· 5

집행위원 ·· 7

고선위원 ·· 8

수상작 ··· 13

   장원(壯元)
      宋京玉

   금상[방안(榜眼)]
      尹斅援 | 崔康炫 | 崔炫基

   은상[탐화(探花)]
      姜思國 | 姜思賢 | 柳明善 | 白龍洙 | 韓廷錫

   동상[가작(佳作)]
      郭慶淳 | 琴鏞斗 | 金琪年 | 金瑃俊 | 金道根 | 金東權
      金錫垣 | 金仁淑 | 金鎭善 | 金振泰 | 金泰元 | 柳淙鉉
      文鍾根 | 朴在奎 | 徐萬興 | 宋聲鎬 | 禹世坤 | 李諄漢
      李羲特 | 林榮圭 | 趙煥東 | 曹喜旭 | 陳漢雄 | 崔在洛

찬조시 ··· 33
      宋哲炫 | 裵然禹 | 尹烈相 | 鄭斗根 | 鄭相鎬

참가시(가나다 순) ·· 39
      강구주 | 姜奇禮 | 姜聖模 | 姜壽均 | 姜信壽 | 姜六遠 | 姜一鎬
      高根煥 | 高善源 | 高榮叔 | 高鉉佑 | 孔泳珠 | 郭喆允 | 權奇甲
      權奇龍 | 權良植 | 權寧旼 | 權寧珍 | 權寧泰 | 權五淳 | 權五信

權宰赫	權宰興	權燦喜	權出五	琴應鍾	奇順任	金江東
金敬洙	金炅旭	金慶一	金光吉	金光洙	金敎昌	金敎熙
金國重	金奎錫	金吉壽	金能洙	金東一	金東哲	金芝順
金得煥	金明康	金明培	金文洙	金珉慶	金丙練	金秉祚
金扶乭	金思昊	金相晩	金石基	金奭兆	金錫彰	金錫海
金城圭	金世雄	金洗漢	金樹晩	金淳鉉	金淳華	金承善
金時台	金永國	金永錫	金榮錫	金永雨	金英子	金永澤
金榮弼	金榮華	金容圭	金容淑	金雄一	金元圭	金源泰
金柳延	金恩斗	金日濟	金壬洙	金長元	金長煥	金在京
金靖斗	金鍾大	金鍾石	金宗洙	金鍾鉉	金胄植	金中鐸
金鎭善	金振龍	金鎭雄	金次潤	金昌奎	金昌基	金哲知
金忠道	金致煥	金兌塾	金泰洪	金弼培	金顯國	김형대
金亨來	金炯伸	金亨連	金浩鎰	金浩喆	金弘煥	羅鍾泰
羅準植	羅昌洙	南基成	南基松	南基完	南相修	南相珣
盧承必	都基暾	柳金烈	柳東烈	柳晏重	柳洋宇	柳種烈
柳亨薰	柳和善	馬長鉉	孟馥在	睦弘均	文炅在	文炳鉉
文承烈	文容子	閔敬仙	閔珽基	朴金鍾	朴東申	朴東旭
朴世準	朴秀雄	朴淑伊	朴順珠	朴淳進	朴永和	朴元哉
朴仁善	朴壬義	朴哉謙	朴正永	朴丁濟	朴鍾慶	朴鍾澋
朴昌根	朴忠一	朴赫善	朴炯駿	裵錫五	裵仁泰	裵重熙
裵忠燮	裵必南	裵馨東	白樂相	白永才	白浚善	邊京鍾
邊溪溟	邊炳和	徐東雲	徐東亨	徐明澤	徐永祚	徐容奎
徐正善	徐庭守	徐太洙	宣炳國	孫敎翼	孫鳳翼	孫在千
孫正旭	孫坪琦	孫鎬丁	宋萬甲	宋富鍾	宋碩鎬	宋守復
宋載勳	宋鎬丙	申大原	申福均	申峯碩	辛相連	辛承敏
申榮奎	辛柱甲	辛恒善	申鉉雄	申亨澈	沈廣澤	瀋美連
安暻煥	安圭軾	安南淳	安大煥	安炳助	安三守	安商乙
安永仁	安龍福	安佑相	安仲植	梁同昌	梁成子	梁仁模
梁一太	梁熙文	嚴相鎬	呂聖鉉	芮性海	吳光烈	吳秉斗
吳錫九	吳廉秀	吳容錫	吳仁善	吳智泳	吳昌煥	吳怦植
王喜順	禹垞鎬	禹重根	元鍾淑	俞炳圭	劉善鍾	劉永童

俞完濬	俞鎭晩	윤석금	尹錫明	尹碩晙	尹錫瀚	尹永茂
尹用勳	尹元燮	尹在男	尹重熙	尹縣鎭	尹弘洙	尹熙鐵
李康千	李庚錫	李觀熙	李光明	李光茂	李光善	李均太
李起月	李玳烈	李德根	李東杰	李東煥	李邦浩	李祥斗
李相妙	李相順	李相郁	李性雨	李淳子	李昇勳	李永燉
李永昌	李永熙	李鎔珪	李鏞玉	李元極	李潤均	李應洛
李應春	李仁杰	李仁奉	李在島	李載然	이재웅	李載恒
李正淑	李定栽	이종관	李宗圭	李鍾根	李鍾文	李鍾文
李淙榮	李鍾澳	李鍾禹	李鍾赫	李重敎	李昌杰	李昌京
李昌雨	李忠載	李泰浩	李㐲珪	李憲瑛	李煥植	李熙泰
林炅桓	任文鎬	林培日	任奉壎	林虎穆	張南壎	張大遠
張明韓	張文洙	張炳國	張奉柱	張師彦	張師邑	張相允
張善秀	張晟集	張星天	蔣淳奎	張禮德	張宰榮	張鍾喆
張鉉燮	全 旭	全敎燁	全德河	田炳日	全祐成	金寅出
田竣瑞	鄭多運	丁大用	鄭得采	鄭秉植	鄭丙釬	鄭相旭
鄭錫燦	鄭時燮	鄭亮和	鄭泳世	鄭榮泰	鄭榮化	鄭宇燮
鄭義鶴	鄭在九	鄭載榮	鄭在轍	鄭重熙	鄭昌進	鄭昌和
鄭淸秀	鄭泰桓	鄭河澤	丁海東	鄭海龍	鄭熹滑	曺南鎬
趙能來	曺三承	趙晟澤	趙順子	趙旭來	趙義鎬	趙逸漢
曺在洙	趙宰永	曺銓榮	趙貞淑	趙正容	趙忠檍	趙顯道
朱恩淑	朱鎭憲	秦錫熙	秦顯贊	蔡奎興	蔡玄珠	千相得
崔基昱	崔奇出	崔臺植	崔鳳鎭	崔相夏	崔石出	崔聖洙
崔成鍾	崔容鎬	崔玧奎	崔再淑	崔載閏	崔鍾萬	崔宗春
최태영	崔賢周	夏在亨	河鍾八	韓斗錫	韓勝男	韓翊煥
韓重燮	韓忠榮	許範亮	허태영	洪思永	洪渭根	洪佛杓
洪海壽	黃安石	黃龍坤	黃元相	黃義重	黃在甲	

第2回 成均館 全國漢詩紙上白日場 開催 要綱 ·················· 251

개인 정보 수집 이용 / 제공 동의서 ·················· 253

일러두기

1. 제2회 成均館全國紙上漢詩白日場 漢詩集의 漢詩는 1) 當選作 2) 考選委員 贊助詩 3) 全體 出品作 순으로 수록되어 있습니다.

2. 전체 출품작은 저자의 姓名을 기준으로 "가나다"순서로 수록되어 있습니다.

3. 原文은 시고에 작성된 그대로 입력했습니다.

4. 解釋은 시고에 작성된 原文을 그대로 옮겼으나 한글 맞춤법에 準하여 矯正되었습니다.

수상작

전라남도 고흥군

白松 宋京玉

偉矣湯王自警明	盤銘敎訓革新成
爲民思想馴天命	經世精神發聖情
布德崇高千歲鑑	施仁廣大萬年瓊
治邦正道能如此	感服蒼生日日榮

偉大하도다 湯王의 自警文이 밝음이여
세수대야에 새긴 敎訓 革新을 이루었네
백성을 위한 思想은 天命을 따름이요
세상을 經營하는 精神은 聖人의 意志가 發生함이라
펼치는 德은 崇高하여 천년의 龜鑑이 되고
베푼 사랑이 廣大하여 萬年의 보배로다
나라 다스림이 正道이니 이와 같고
感服한 蒼生들은 날마다 繁榮할 것이다

서울특별시 송파구 **幽香 尹 斅 援**

盤銘自省改悛明	탕왕께서 반에 새겨 자성하여 마음 고침을 밝히니
日日尤新聖世成	일일신우일신하여 성세를 이루었네
布德千秋還國運	천추토록 덕을 펴니 국운이 돌아오고
施恩萬里撫民情	만리에 은혜를 베풀어 민정을 어루만지네
中興義氣功如昊	의기로 국운을 다시 일으킨 공은 높은 하늘과 같고
啓發仁心業比瓊	인심으로 지혜를 깨우쳐준 업적은 아름다운 옥에 견주네
敎化彝倫行正道	이륜으로 백성을 교화하고 정도를 행하니
蒼生感服享殷榮	이에 감복한 창생은 은나라의 영화를 누리노라

서울특별시 은평구 **潤山 崔 康 炫**

湯王踐阼世間明	탕왕 천자 등극 세간 밝고
創業盤銘聖域成	창업 반명은 성역 이루네
處處革新修國政	처처 혁신은 국정 닦았고
年年啓發撫民情	년년 계발은 민정 무휼했네
崇高布德崇如岳	숭고한 포덕은 산같이 높고
燦爛垂功燦似瓊	찬란한 수공은 옥같이 빛나네
正道宣揚千古鑑	정도선양은 천고에 귀감이요
萬人感服享繁榮	만인감복하여 번영을 누리세

경상북도 영천시 **崔炫基**

殷湯黜桀世新明	은나라 탕임금이 하나라 걸임금을 물리침에 세상이 새로 밝았으니
自警盤銘帝業成	자경한 반명으로 제업을 이룩했다네
日日洗心思國事	나날이 마음을 씻고 국사를 생각했으며
時時盥手撫民情	때때로 손을 씻고 민정을 어루만지었다네
名言不滅千秋鑑	명언이 불멸하니 천추의 귀감이요
佳句長傳萬代瓊	가구가 장전하니 만대의 미옥이라
徃古到今多膾炙	왕고도금에 많이 회자되니
人人愛誦豈非榮	사람마다 애송함에 어찌 영광스럽지 않으랴

경기도 고양시 **研齋 姜思國**

盤銘日察刻衷明	반명을 날마다 살펴 마음속에 새겨 밝혔으니
志慧清新聖世成	지혜가 청신하여 태평성세 이루었네
廣播仁心安國政	어진 마음 널이펴서 나라가 편안하게 다스렸고
振興義氣撫民情	의기를 진흥시켜 민정을 무휼 하였네
施恩萬里功高岳	만리에 은혜를 베풀어 공이 산같이 높고
布德千秋業潤瓊	천추에 덕을 펼치니 업적이 옥같이 윤이나네
天理順從行正道	하늘의 이치를 순종하여 정도를 행하였으니
蒼生其澤享殷榮	창생이 그 덕에 은나라의 영화를 누리었네

서울특별시 강남구 **白巖 姜思賢**

每省盤銘刻骨明	반명을 매번 살펴 뼈에 새겨 밝혔으니
日新善政聖王成	선정이 날로 새로워져 성왕이 되었네
仁心發現安民性	어진 마음 발현되니 백성의 성정 편안하고
義氣隆興盛國情	의기가 융흥하니 국가 정세 번성했네
布德崇高凌太岳	덕을 폄이 숭고하여 태산을 능가하고
樹功燦爛勝璇瓊	공 세움이 찬란하니 옥구슬보다 더 빛났네
恒施正道遵天理	항상 베푸는 바른 도는 하늘 이치 쫓았으니
靈帝賢臣萬歲榮	신령한 임금 어진 신하 만세토록 번영되리

전라남도 고흥군 **柳明善**

湯訓盤銘萬古明	탕임금의 盤銘은 만고에 밝으니
殷之創業大功成	은나라 창업에 大功이 이루어 졌다
日新省察求邦本	날로 새롭게 성찰하여 邦本을 구하고
自警修齊發性情	스스로 깨우쳐 수제하여 聖情을 발한다
布德崇高純似玉	布德은 숭고하니 구슬과 같이 순수하고
市恩廣範美如瓊	은혜를 베품이 광범하니 옥과 같이 아름답다
吾君鑑此行仁政	우리 임금이 이를 거울삼아 仁政을 행하면
槿域昇平共享榮	槿域이 승평하여 함께 영화를 누릴 것이다

 전라남도 무안군 西湖 白 龍 洙

每省盤銘覺悟明	매양 반명을 살피어 각오를 밝게 하니
日新志體聖王成	뜻과 몸이 새로워서 성왕을 이루시었네
仁心啓發安民性	인심을 계발하여 백성의 성정 편안히 하고
義氣中興正世情	의기를 중흥시켜서 세상 정세 바로 잡았네
布德崇高凌岱岳	덕을 폄이 숭고하니 태산을 능가할 만하고
樹功燦爛勝瑤瓊	공을 세움이 찬란하니 구슬 광채보다 낫도다
常施善政遵天理	항상 선정을 베풀어 하늘의 이치 좇았으니
賢主良臣繼代榮	어진 임금 어진 신하가 대대로 번영을 잇네

 경상북도 문경시 淸湖 韓 廷 錫

湯帝盤銘初志明	탕임금께서 처음의 뜻을 그릇에 새겨 밝혔는데
無忘實踐太平成	잊지 않고 실천해 태평함을 이루었네
常時修己斥邪欲	항상 수기하여 사욕을 물리쳤고
每日新民陶本情	매일 백성을 새롭게 본정을 기르셨네
德以治邦丞相鑑	덕으로 나라를 다스림은 승상의 거울이요
仁而濟世聖君瓊	어짊으로 세상을 구제함은 성군의 옥이네
始終一貫傾心裡	시종일관 마음을 기울이는 가운데
代代孫孫願共榮	대대손손 서로 같이 번영하기를 기원하네

대구광역시 동구 **愚泉 郭慶淳**

湯帝盤銘自古明	탕왕의 반명은 자고로 유명한데
治平天下日新成	치평천하에 날마다 새로움을 이루리라
晝宵每念堅心志	밤낮으로 매양 생각하면 심지가 견고하고
寤寐常思篤感情	자나깨나 항상 생각하면 감정이 돈독하리라
警句無非爲鏡鑑	경계하는 글귀로 거울이 아님이 없고
名言莫不作瑤瓊	명언은 보배로운 구슬이 아님이 없도다
君王若使行斯訓	군왕이 만약 이 훈계를 행하면
必有邦家享大榮	반드시 나라가 크게 번영하리라

부산광역시 남구 **三松 琴鏞斗**

盤銘自顧欲身明	반명을 스스로 돌아봄은 몸을 밝게 하려함이고
日日維新大命成	날마다 오직 새롭게 해 천명 받아 이루었네
遠慮近思施國政	멀고 가까운 것 생각해 국정을 베풀었고
先憂後樂察民情	먼저 근심하고 후에 즐거운 민정 살폈네
洗心警戒存天理	마음 씻어 경계해서 천리를 보존했고
立志修行振玉瓊	뜻을 세워 수행하여 옥소리 거두었네
王道無偏治世本	치우침 없는 왕도는 세상 다스리는 근본인데
湯之德業益繁榮	탕왕의 덕숭업광 더욱 더 번영하리라

경상북도 영주시 **金 琪 年**

湯王警句刻盤明	탕왕이 경계해야 할 문구를 세숫대야에 뚜렷하게 새겨놓고
日日看看自省成	날마다 보고 또 보며 스스로 반성했다
去惡濯心修己意	마음을 씻어 악을 제거함은 자신의 심신을 닦는 뜻이고
施仁布德化民情	인을 베풀고 덕을 폄은 백성을 교화하려는 심정이다
朝權革故瀞如鏡	조정권력의 낡은 것을 고치니 거울같이 맑고
國政刷新嘉似瓊	국정을 쇄신하니 옥같이 아름답다
制度全般孜改善	제도 전반의 개선에 힘써서
子孫萬代願繁榮	자손만대에 번영하기를 바랐다

부산광역시 연제구 **裕泉 金 瑨 俊**

明德治民四海明	밝은 덕으로 백성을 다스리면 사해가 밝아
盤銘自警日新成	반명으로 자경하니 날로 새로움 이루네
洗心去惡清施政	마음 씻고 악을 제거해 맑은 정사 이루고
浴垢除邪篤厚情	때를 씻고 간사함 없애면 정이 두터워지네
沒世不忘先代業	세상 떠나도 잊지 못하는 선대의 업적이고
配天常憶古人瓊	하늘 짝한 덕 늘 생각하니 옛사람 옥이네
咸熙庶績湯王道	여러 공적을 다 펴는 것 탕 임금의 도인데
率土均平國泰榮	천하를 균평하게 거느리면 나라가 번영하리

경상북도 포항시 **鶴山 金道根**

湯王叡智古今明	탕왕의 예지가 예나 지금이나 밝은데
行意盤銘澄世成	대야에 새긴 뜻을 행하면 맑은 세상을 이루리라
聖訓恒從傾念力	성인의 가르침을 항상 쫒음에 염력을 기울이고
賢言每效盡衷情	현인의 말씀을 매양 본받음에 충정을 다하도다
刷新日日心如鑑	날마다 쇄신하니 마음이 거울같이 맑고
省察時時性似瓊	때때로 성찰하니 성정이 옥같이 깨끗하도다
修己率先根本樹	솔선하여 몸을 닦아 근본을 세우니
豊饒社會萬年榮	풍요한 사회로 만년토록 영화로우리라

서울특별시 동대문구 **金東權**

盤銘日察刻身明	반명을 날마다 살펴 몸에 새겨 밝혔으니
志自淸新聖世成	뜻이 자연 청신하여 태평성세 이루었네
君主仁心修國政	군주 어진 마음을 국정을 닦으셨고
忠臣義氣撫民情	충신의 기를 백성 뜻을 무휼하였네
無瑕業蹟爲龜鑑	업적이 티 없으니 귀감이 되었고
有惠功勞作玉瓊	공노에는 은혜 있으니 옥경을 지었고
天理順從行正道	하늘의 이치를 순종하여 정도로 행하였으니
蒼生感服享光榮	창생이 감복하여 영광을 누리셨네

경상북도 칠곡군 茂松 金 錫 垣

湯王教訓日同明	탕왕 교훈의 밝기가 해와 같은데
器刻盤銘努力成	반명을 그릇에 새겨 노력하였고
實踐苟新修己意	구신을 실천함은 자신을 닦고자 한 뜻이요
遂行苛苦牧民情	가혹한 고행을 수행함은 백성들을 기르는 정이었네
斥邪衛正如裝玉	척사위정을 함은 몸에 옥을 장식하듯 하였고
崇義施仁似佩瓊	숭의시인함은 경옥을 허리에 차듯 하였네
頹弊風潮消遠遠	퇴폐풍조가 멀리 사라져가면
傳承禮學萬秋榮	예학 전승됨이 만추동안 영화로우리

경기도 수원시 芸史 金 仁 淑

湯帝盤銘懿德明	탕임금이 반명에 밝은 덕을 밝히고져
日新修己正心成	날로 새롭게 수신하여 바른 마음을 이루려 했네
施仁獎孝匡民俗	일을 베풀고 장효하여 민속을 바로 하고
崇義勤忠厚世情	의를 숭상하고 권충하니 세정이 두텁네
八目堅持華似寶	팔조목을 견지하니 진실로 보배 같고
三綱固守潤如瓊	삼강령을 고수하니 진실로 오옥과 같네
聖賢教訓躬行裏	성현의 교훈을 충실히 궁행하는 속에
吾道傳承必有榮	오도가 전승되니 필시 광영이 있으리라

경상북도 문경시 **景齋 金 鎭 善**

湯聖盤銘自覺明	탕성께서 반명에 자각을 밝히셨는데
日新又日願新成	날로 새롭고 새로워지기를 원하셨네
常時積善傾殫力	항시 적선하는데 온 힘을 기울이고
每事施恩注盡情	매사 은혜 베푸는데 모든 정 쏟으셨네
德以治人君主範	덕으로써 사람 다스림 군주의 모범이요
文而濟世帝王瓊	글로서 세상을 경영함은 제왕의 옥일세
若言統領斯箴效	만약에 대통령이 이 잠언을 본받는다면
槿域前程永世榮	우리나라 앞길에 영세토록 번영하리라

울산광역시 동구 **玄庵 金 振 泰**

盤銘自警洗心明	탕지반명에 자경하고 세심으로 밝게 해서
倫理遵行舜世成	윤리를 준행하니 순임금 세상 이루네
扶植綱常垂偉績	부식강상은 위적을 드리우고
宣揚禮節盡衷情	선양예절에 충정을 다할 것이네
童蒙講習恭仁鑑	동몽강습하여 인을 공경함은 귀감이요
父老薰陶讓義瓊	부노에 훈도는 의리 사양하니 아름답러라
又日新新塵不染	또 날로 새롭고 새로워 티끌도 물들지 않고
聖王遺業永繁榮	성왕의 유업은 끝없이 번영하리라

 서울특별시 마포구 靑湖 金 泰 元

日新字句闡分明	일신의 자구를 분명히 밝히며
盤刻湯王聖代成	대야에 새긴 탕왕이 태평성대를 이루었다
愛國精神培國力	애국정신이 국력을 배양하고
爲民福祉助民情	위민복지가 민정을 도운다
遵行秩序三綱寶	질서를 준행함이 삼강의 보배며
確立規模一片瓊	규모를 확립함이 한편의 옥이다
題顧修身實踐裡	제목을 보고 수신하며 실천하는 속에
儒林務本必然榮	유림이 근본에 힘쓰면 반드시 영광하리라

 대전광역시 중구 翠石 柳 淙 鉉

經曰盤銘自警明	경서에 이른 반명은 스스로 깨우침을 밝힘이니
滌其污染日新成	오염된 것을 씻어냄은 날로 새로움을 이룸이다
修身養性人宜事	몸을 닦고 성품을 기름은 사람의 마땅한 일이요
植義扶綱士至情	의리 세우고 강상 도움은 선비의 지극한 정이네
誠敬兼全施德化	정성과 공경을 겸전해야 훌륭한 덕화를 베풀고
心思一貫遂章瓊	마음과 생각이 일관해야 아름다운 문장을 이루네
恭陳爾我斯深戒	삼가 아뢰노니 너도나도 이를 깊이 경계하여
願享靑丘萬世榮	우리나라가 만세토록 번영을 누리기를 기원합니다

경상북도 구미시 **蒼山 文 鍾 根**

湯帝盤銘再照明	탕왕의 반명 다시 조명하니
日新自警至高成	나날이 새롭게 스스로를 경계하여 지극히 높음을 이루었네
爲民善政傾心力	위민선정에 심력을 기울였고
濟世昇平盡性情	제세승평에 심정을 다하였네
克己行仁如寶鑑	극기행인의 보감 같으며
修身養德似瑤瓊	수신양덕의 아름다운 구슬 같도다
精神覺醒推求裡	정신각성 추구 속에
可效能承必有榮	본받고 능히 이어가면 반드시 영화로우리라

강원도 삼척시 **朴 在 奎**

湯王盤器刻鮮明	탕 임금님이 세수 그릇에다 산뜻하고 분명하게 새기셨으니
日日尤新偉業成	날마다 나날이 더욱 새로워지면 위대한 업적을 이루리라
衛正勸忠傾注力	정직함을 지키고 충성심을 권장하는데 온 힘을 기울이고
斥邪獎孝盡衷情	사사로움 물리치고 효도 장려하는데 진정한 마음을 다하였도다
紀綱確立除塵垢	규율과 질서를 확립하는 데는 먼지와 때도 버려야만 되고
法度完全琢玉瓊	법률과 제도를 완전하게 하려면은 옥구슬 쫓듯이 해야 한다
聖訓銘心能實踐	성현에 가르침 명심해서 능하게 실천을 하고
修身此後迓光榮	몸을 닦은 이후에서야 영광을 맞이하리다

경상북도 포항시 **祥文 徐萬興**

日新盤刻古今明	대야에 새겨진 일신은 고금에 밝은데
警戒湯王聖世成	탕왕께서 경계하여 성세를 이루셨네
每事覺醒無限志	매사에 각성하는 의지는 끝이 없어야 하고
恒時省察不窮情	항상 성찰하는 뜻은 궁하지 않아야 하네
治人大道艷如錦	백성을 다스릴 때 바른길을 행함은 비단같이 곱고
修己爲民娟似瓊	자기 몸을 닦아서 백성을 위함은 옥같이 아름답도다
衛正遵承除舊弊	마음을 지킴에 구폐를 제거하고 쫓아서 이으면
昇平家國永繁榮	승평한 가정과 나라가 영원히 번영하리라

경상북도 포항시 **台岡 宋聲鎬**

盤刻日新誠自明	대야에 일신이라 새김은 진실로 스스로를 밝힘이니
湯王警戒大功成	탕왕께서 경계하여 대공을 이루셨도다
斥邪振氣傾心力	사악함 배척엔 심력을 기울여 떨쳐 일으키고
衛正遵承盡性情	바름을 지킴엔 성정을 다하여 쫓아 이어야 하네
愛國精神姸似錦	나라를 사랑하는 정신은 비단같이 곱고
爲民思想貴如瓊	백성을 위하는 사상은 옥같이 귀하도다
掃除舊惡皆淸潔	구악을 소제하여 모두 청결히 하면
純化人倫擧世榮	인륜은 순화되어 온 세상이 영화로우리

경상남도 창원시 **石波 禹世坤**

湯主盤銘萬古明	탕임금 반명은 만고에 밝으니
河淸海晏太平成	태평성대 이루었도다
齊家治國傾心力	제가와 치국에 심력을 기울이고
修己親民盡性情	수기와 신민에 본성을 다했도다
實踐三綱如霽月	제월처럼 삼강령 실화하고
躬行八目似磨瓊	마령처럼 팔조목 궁행했네
賴斯日日施仁德	이에 힘입어 나날이 어진 덕 베풀어서
半億同胞共享榮	오천만 동포 함께 영화를 누리리라

부산시 기장군 **靜齋 李諄漢**

盤銘警句覺心明	경구를 반명하여 마음을 밝게 깨우치고
熟讀專修大業成	숙독하고 전수하여 대업을 이루도다
沐浴其身高士趣	자기 몸을 목욕함은 고사의 아취이고
滌淸舊垢丈夫情	묵은 때를 깨끗이 씻었으니 장부의 정이로다
日新聖德溫如玉	성덕을 일신하니 온하기가 옥과 같다
時習遺風燦似瓊	유풍을 시습하니 빛나기가 아름다운 옥이로다
箴寶實行無限續	보물 같은 잠언을 무한히 실천하면
萬年歲歲得光榮	만년토록 해마다 영광을 얻으리

경상북도 포항시 **木泉 李義特**

浴身去污日新明	목욕하고 더러운 것을 제거하면 날마다 신명나니
自警盤銘進德成	盤銘을 스스로 깨우쳐 進德을 이루었도다
修己治人千古義	자신을 닦아 남을 다스림은 천고의 정의요
正心格物萬民情	마음을 바루고 사물을 바르게 함은 만백성의 情이다
施仁體驗嗟磨玉	仁을 베푸려고 체험함이 마치 玉을 다듬는 것 같고
行道探求切琢瓊	道를 행하기 위해 탐구함이 구슬을 쪼는것 같다네
建極綱常天使命	태극을 세워 강상을 다스림이 하늘의 명을 다스림이니
湯之王業得光榮	湯의 왕업은 영광을 얻었도다

서울특별시 성북구 **龍巖 林榮圭**

盤銘每察日新明	반명을 항상 살피니 밝음 날로 새롭고
商代湯王聖世成	상대의 탕왕께서 성군 다스림 이루었네
官事正淸興帝德	관에 일 맑고 바름 제왕 덕 일어남이고
國風敦厚得民情	나라 풍속 돈후함 민심을 얻음이라오
君賢信義千秋鑑	군현의 신의는 천추의 거울이 되고
臣哲誠忠萬古瓊	신하의 슬기는 충성은 만고의 빛냄이라오
天道循環回善俗	순환천도는 좋은 풍속 돌아오니
康衢烟月享光榮	태평성대의 영광 누림이라오

울산광역시 북구 **宇濟 趙 煥 東**

盤銘自警燦然明	다짐을 새겨놓고 스스로 경계하니 찬연히 밝고
懇願誠心暢達成	간절히 성심을 다하니 널리 달성되리로다
壯志常懷憂國本	장한 뜻 품으니 우국의 근본이요
聖人欲報愛民情	성인 욕보하니 애민정이네
年年好好氷開鑑	해마다 자상하기를 빙개된 거울처럼
日日新新雪碎瓊	날마다 새로워지기를 설쇄된 옥처럼
儒敎振興多慶福	유교 진흥은 많은 경복이 있음이니
傳千歷史更繁榮	탕지반명 정신을 길이 전하여 다시 번영하여 보세

경상남도 김해시 **耕田 曹 喜 旭**

湯帝盤銘自警明	탕임금 반에 자경을 새겨 밝혔으니
欲修聖德日新成	성덕을 닦아 일신을 이루고자 하였네
守行義禮盡誠念	의와 예를 지키고 행하여 정성 다하는 생각이요
悔改罪愆勞力情	죄와 허물을 뉘우치고 고치려 노력하려는 뜻이네
斥去惡心如洗垢	악한 마음 제거함은 때를 씻어 내는 것 같고
掃除私慾若磨瓊	사욕을 소제하는 것은 옥을 갈 듯이 하였네
從玆必是親民化	이로써 필시 친민은 이루어지니
家國昇平萬世榮	가국은 승평하여 만세토록 번영하리라

경기도 의정부시 **沙隱 陳 漢 雄**

盤銘深意古今明	반병의 깊은 뜻 고금에 밝은데
因此淸心盍性成	이로 마음 맑으니 어찌 성품 이루지 않으랴
聖道日新修己事	성도를 날로 새롭게 함은 수기의 일이요
儒風時習牧民情	유품을 때로 익힘은 목민의 정이라오
輔仁忽覺如持寶	보인을 문득 깨달으면 보배 지닌 것 같고
勸善能行勝取瓊	선 권함을 행함은 옥 취한 것보다 낫네
敎訓湯王千載赫	탕왕의 교훈은 오랜 세월 빛나니
平生省察必期榮	평생 깊이 살피면 반드시 영화 기약되리

경상북도 포항시 **靜山 崔 在 洛**

實踐盤銘尤日明	반명을 실천하면 날로 더욱 밝으니
湯王德行聖君成	탕왕은 덕행으로 성군이 되었네
爲民善計垂佳跡	백성을 위하는 좋은 계획으로 아름다운 자취 드리웠고
經國良謀布卓情	나라를 경영 좋은 계책으로 높은 뜻을 펼쳤도다
今昨悔非遭瑞玉	작금의 그릇됨을 뉘우치면서 옥을 만나고
未來準備得眞瓊	미래를 준비하면 진경을 얻으리라
治平天下使斯始	천하를 다스림이 이로 하여금 비롯되니
人格先完宜有榮	인격을 먼저 완전하게 하면 마땅히 영화가 있으리

찬조시

芝山 宋哲炫

盤銘固守意分明	반명을 고수한 뜻이 분명하여
日日尤新大業成	날마다 더욱 새롭게 발전하여 대업을 이루었네
啓發仁心能養性	인심을 계발하니 능히 양성했고
中興義氣正施情	의기를 중흥하여 바르게 시정했네
各言熟習凌財貨	명언을 숙습하면 재화를 능기하고
善政宣行勝寶瓊	선정을 선행하면 보배보다 좋을시고
但願吾儒遵訓導	우리 유림이 훈도를 잘 따르기 원하노니
隨時變化享光榮	때 따라 변화하여 영광을 누려보세

雲亭 裵然禹

商湯峻德日新明	상탕의 준덕 날마다 새롭고 밝아
盥頮盤銘善政成	관회반명하고 선정을 이루었도다
誠奉阿衡承聖旨	아형은 성지를 이어 정성껏 받들고
改悛太甲盡衷情	태갑은 허물 뉘우쳐 충정을 다했네
心身洗淨凝芳馥	심신을 세정함에 방복이 엉켰고
意志澄淸佩彩瓊	의지징청은 채경을 참이라
允執厥中磨舊染	진실로 그 중용을 잡아 구염을 닦으니
下民感化被恩榮	하민이 감화하여 은영을 입었구나

兢齋 尹烈相

盥省盤銘覺悟明	세수할 때 반명 살펴 각오함이 밝았으니
日新志體聖王成	지체를 날마다 새롭게 해 성황을 우루셨네
仁心啓發安民意	인심을 계발하여 민의를 편안히 하고
義氣俱興正世情	의기를 일으켜서 세정을 바로 했네
布德豊如家積穀	포덕 하니 풍성하여 집에 곡식 쌓은 것 같고
修功美譬手研瓊	수공 하니 아름다움 손으로 구슬 갈 때 비유되네
今施善政從天理	이제 선정을 베풀어 천리를 좇아가면
國自繁昌享大榮	나라가 자연히 번창 큰 영화를 누리리라

艸堂 鄭斗根

湯銘三句日新明	탕지반명 세구는 날로 새롭게 함을 밝힌 것으로
誠意修身自警成	성의 수신은 스스로의 경계를 이룸일세
始以齊家陶冶格	제가로 시작함에 인품을 도야하면
至於治國政聲情	치국에 이르러서는 인정으로 정성을 드날리겠네
學文切琢凌千寶	학문을 절탁함은 천보를 능멸하고
道德研磨冒萬瓊	도덕을 연마함은 만경을 무릅쓰네
君主蒼生恒省覺	군주와 창생이 항상 반성하여 깨달음을 이룬다면
吾邦聖代享光榮	우리나라도 성대의 광영을 누리리라

淸軒 鄭 相 鎬

盤銘湯帝意分明	탕임금의 반명이 뜻이 분명하여
日日新新大業成	나날이 새롭게 새롭게 대업을 이루셨네
恒洗醒心能養志	항세에 성심으로 능히 양지하고
每看覺性亦眞情	매간 각성으로서 또한 진정하구나
名言膾炙萬民鑑	명언으로 회자되어 만인의 귀감 되고
古事羹墻千世瓊	고사는 잊지 못하고 천세토록 경이롭다
舊態脫皮尤執着	구태를 탈피하는데 더욱 집착하였으니
後人儀軌益光榮	후인들의 본보기로 더 빛나고 영광스러우리

참가시

(가나다 순)

서울특별시 종로구 강구주

湯王洗濯警辭明	탕왕의 세탁경구는 분명하였고
懇願盤銘暢達成	반명을 간절히 원해서 창달을 이루었구나
法鼓經綸救世策	경륜법고로 세상을 구제책으로 하였도다
創新制度安民情	창신을 제도하여 백성을 편안하게 했고
氷光皎潔百江練	빙광교결로 많은 강을 깨끗하게 했도다
雪色玲瓏萬樹瓊	설색영롱으로 많은 옥을 심고
千載斯文承聖敎	천재사문으로 가르침을 이어갔고
童蒙勸獎永繁榮	동몽건장은 영원토록 번영하리라

경상북도 문경시 妙蓮 姜奇禮

湯之盤器意分明	탕지반기의 뜻이 분명하여
日日新民善政成	날마다 신민하여 선정을 이루었네
聖訓傳承淸世俗	성훈을 전승하여 세속이 맑아지고
儒風振作厚人情	유풍을 진작하여 인정이 두터워지고
章章卓說如磨石	장장탁설이 돌을 갈아놓는 것 같고
句句嘉言似屬瓊	구구가언이 옥을 갈아놓는 것 같네
大學良書耽讀後	대학양서를 탐독한 후
吾儕實踐益身榮	우리 무리가 실천하면 더욱 몸이 영화롭네

경상북도 포항시 **音岩 姜 聖 模**

湯王國政益賢明	탕왕 국정 현명함 더하시니
正直民心教化成	정직민심 교화 이루도다
萬古彝倫新潔意	만고이륜(새로워 더럽히지 아니함) 뜻이니
千秋懿績久安情	천추의적 안정 오래도다
施仁躍進繁昌日	인을 베푼 약진 번창 날이니
布德伸張赫灼瓊	덕 펴고 넓혀지니 빛나는 옥이도다
史蹟熙隆承實踐	사적 넓고 성하니 실천 이어지니
光陰恬憶理華榮	세월 오래도록 화영 다스리도다

대구광역시 달성군 **溪山 姜 壽 均**

湯主盤銘列國明	탕임금의 반명은 열국의 제후들의 앞길을 밝혔네
願商百姓所望成	상나라를 원하는 백성들의 소망을 이루었네
德治濟世萬秋義	덕치로 세상을 계도함은 만추의 의요
善政救民千古情	선정으로 백성을 구함은 천국의 정일세
字字佳言如美玉	글자마다 아름다운 말 미옥과 같고
聯聯名句似鮮瓊	연연 명구는 고운 붉은 옥 같아라
日新聖訓從斯道	나날이 백성을 새롭게 하라는 성훈을 받든다면
天下昇平有泰榮	천하는 승평하고 태평 영화가 있으리니

경기도 수원시 德鳳 姜信壽

聖湯盤銘古事明	성스러운 탕임금 반명의 옛 일을 밝혀봄은
此由治世太平成	이로 말미암아 세상을 다스려 태평을 이루었기 때문이네
弔民伐罪維仁道	백성을 위로하고 죄 지은자를 징벌함은 인을 지탱하는 도요
登彦褒勳至善情	어진 선비를 등용하고 공훈을 기림은 선에 머물려는 뜻이네
立志日新如煉鐵	뜻을 세움에 날로 새롭게 하기를 쇠를 불 달구듯 하고
修身常革似磨瓊	수신을 함에 항상 다져 잡기를 옥을 다듬 듯 하였네
洗心浴器彫辭警	마음을 닦고자 욕기에 경계의 말을 새기신
賢主芳名永歲榮	어진 군주 향기로운 이름의 빛은 영원하리라

강원도 원주시 白川 姜六遠

湯皇盤刻苟賢明	탕임금이 대야에 새김이 참으로 현명하도다
世若洗身淸世成	세상을 몸 씻는 것 같이 맑은 세상을 이루고
日日從仁施善政	날마다 인을 쫓아 선정을 베풀고
朝朝守義盡眞情	아침마다 의를 지켜 진정을 다하였도다
名文御筆佳如錦	명문의 어필은 아름다움이 비단 같고
妙句王言寶似瓊	묘구의 왕언이 보배로움이 옥과 같도다
杳杳昔時憑孰問	아득하고 아득한 옛날 누굴 빙자해 물을고
讀於大學士林榮	四書중의 대학에서 "탕지반명"을 읽으니 선비들의 영광이도다

경상북도 안동시 **奇泉 姜一鎬**

盤銘湯帝意尤明	탕임금의 반명 의미가 더욱 밝아지는데
實踐躬行大器成	몸소 실천하면 큰 인물 이루어지네
心正宣揚遵懿德	마음을 바르게 선양하면 아름다운 덕 지켜지고
身修反復起眞情	몸 수양 반복하면 진정한 마음 일어나네
聖人語錄千秋寶	성인의 어록은 천추의 보물이고
君子箴言萬世瓊	군자의 잠언은 만세의 옥이라네
日日又新誰不讚	하루하루 또 새롭게 하는 일 누가 찬양하지 않으리요
煌煌偉業續光榮	빛나고 위대한 업적 광영으로 이어지네

경상북도 문경시 **野隱 高根煥**

湯之盤器益神明	탕지반기가 신명함을 더하니
日日新民善政成	나날이 신민하는 선정을 이루도다
聖訓傳承敦世事	성훈을 전승하여 세사를 돈독하게했고
儒風振起厚人情	유풍을 진기하여 인정을 두텁게 하였도다
各章卓說千秋鑑	각장의 탁설이 천추에 귀감되고
首句名言萬古瓊	수구의 명언이 만고에도 아름다워라
大學良書耽讀後	대학양서를 탐독한 후에
吾儕實踐得光榮	오제들이 실천하여 광영을 얻으리라

부산광역시 수영구 **錦齋 高善源**

自警湯銘再照明	자경탕명재조명
驚天動地武功成	경천동지무공을 이루네
心存省察千秋範	심존성찰하니 천추의 모범이요
誠實修齊萬苦情	성실수제하니 만고의 정이네
溫故知新如繒素	온고지신하니 여증소와 같고
博文約禮似珍瓊	박문약례하니 진경과 같네
止於至善誰非美	지어지선하니 누가 아름답지 않으리오
統一同胞共享榮	통일동포 공형영하세

울산광역시 울주군 **成安 高榮叔**

孔曾大學益煌明	공자·증자 지으신 대학 더욱 빛나 밝고
夏壞湯王殷國成	하나라 쓰러지니 탕은 은나라 세웠네
創業人君民覺性	창업 군주는 민초들 깨우치고
歷書白姓自新情	역서 만드시니 백성들 스스로 성정이 새로워지네
日敍萬德施時四	해는 만덕을 펼쳐 계절을 베풀고
地載千花鞠穀瓊	땅은 만물을 꽃피워 보배 곡식 길러주네
名帝皇言何易考	탕제 높은 뜻 어찌 쉬 헤아릴까
敬天愼獨永韶榮	경천·신독으로 영원 번영 이어가세

경상북도 경주시 **素儂 高 鉉 佑**

湯帝盤銘自警明	탕제의 반명에 자경을 밝혔으니
修齊厥德日新成	궐덕을 수제하여 일신을 이루셨네
親民事業窮眞理	친민사업엔 진리로 끝까지했고
克己工夫盡性情	극기공부인 성정을 다하셨네
敎化千秋超典籍	교화는 천추의 전적을 초월하고
文章萬古勝琳瓊	문장은 만고의 림경을 이겼도다
遺香體得人人達	유향을 체득함에 사람마다 이르면
社會安寧世世榮	사리가 안녕하여 세세로 영화롭도다

경상남도 김해시 **雲谷 孔 泳 珠**

古來堯舜所望明	예로부터 요순시대를 소망하고 밝힐 때
日日盤銘覺悟成	날마다 새겨서 새 각오를 이룩했네
先士施仁傾善政	앞선 사들은 인을 베풀어 선정을 힘쓰고
後人懿蹟繼承情	후인들은 의적을 계승하는 정이네
嘗膽句踐酬怨恨	월나라 구천은 상담으로 원한을 갚고
切磋徽之得什瓊	절차한 왕휘지는 구슬 같은 문장과 글씨를 얻었네
湯帝新心恒自責	탕제 새로운 마음은 항상 자책해서 개과한다
太平聖代萬民榮	그리니 태평성대 만민에 영화롭다

경상남도 창원시 **曉山 郭喆允**

湯帝盤銘自戒明	탕왕의 반명 9자로 스스로 경계함을 밝히도다
日新衛正斥邪成	날마다 새롭게 하여 척사위정을 이루셨네
濟民善政千秋範	선정을 펴서 제민함은 천추의 규범이요
向國精誠萬古情	나라를 생각하는 정성은 만고의 정이로다
晝夜修身光意鑑	주야로 수신하여 의지가 거울같이 빛나고
恒時養德美賢瓊	항시 덕을 길러 현준함이 옥같이 아름답네
初心不變行仁道	초심을 변치 않고 어진길만 가시니
餘澤傳承百世榮	여택을 전승하여 백세토록 번영하세

경기도 이천시 **栢村 權奇甲**

盤銘本意感分明	반명 본뜻이 분명해서
一筆題詞四韻成	한 붓에 사운시를 쓴다
百世流來新政史	천세를 내려오면서 신정의 역사가 되었고
千秋溯及古王情	고왕의 뜻을 천추에 소급할 수 있다
牧民富庶添花錦	목민을 잘한 일에 금상첨화고
保國尊賢益智瓊	보국존현에 지혜를 더해주는 구슬같다
天地無窮無限頌	천지무궁토록 무한한 칭송은
湯之大道自承榮	탕의 대도가 저절로 영화를 받았다

부산광역시 진구 **志穿 權 奇 龍**

商王鏤句孰爲明	탕왕이 구를 지어 새김은 무엇을 밝히고자 함인가?
九轉修心務性成	거듭 마음을 닦음으로 본성을 이루고자 힘씀이다
目染進前無息意	눈에 익혀 전진함으로써 쉬지 않으려는 뜻이요
耳濡向上有敦情	귀에 무 젖듯이 향상하기를 힘쓰고자 함이로다
曾參篤行珍紅寶	증자의 독실한 행실은 홍보석처럼 귀하고
伯玉重生貴紫瓊	거백옥의 거듭남은 자색옥처럼 귀하도다
不斷精研垂自悅	부단히 정연하여 스스로 기쁨에 이르고
日新其德老猶榮	그 덕을 날마다 새롭게 하면 늙어도 오히려 영화롭게 되리라

경기도 평택시 **東荷 權 良 植**

湯盤敎訓日新明	탕지반명 교훈이 일신함이 밝으니
天下經綸峻德成	천하경륜에 준덕을 이루셨네
善布九州安世事	선이 구주에 펼쳐지니 편한 세사요
仁施四海厚人情	인이 사해에 베풀어지니 후덕인정이라오
阿衡靖國千秋寶	아형 정국하시니 천추에 보배요
太甲親民萬古瓊	태갑친민하시니 만고에 경이라네
效此君臣和合裏	이에 본받은 군신 화합하는 속에
危機克服益繁榮	위기극복 더욱 번영하리

대구광역시 수성구 靑山 權寧旼

湯之意志勁强明	탕왕의 의지는 견강하게 밝히고
啓蒙盤銘策略成	반명의 계몽으로 책략을 이루었네
治洽雍熙千古色	온화하게 빛나는 흡족한 치세는 천고의 색이요
政經順坦萬年情	정경의 순탄함은 만년의 뜻이네
黃河再報龍獻寶	황하의 재보은은 용왕께 드리는 보배요
錄醑輕浮鹿懷瓊	경부의 맑고 좋은 술은 록회경이었네
征夏商君平定善	하나라를 정복한 상임금 좋은 평정을 하고
堅持雅操日新榮	우아한 지조를 견고히 지님은 새날의 영광이었네

강원도 강릉시 南村 權寧珍

盤銘啓示德之明	반명하여 계시하는 덕의 밝음은
先正其心靜慮成	먼저 마음을 바로 하고 정려함 이니라
臣敬君仁經國道	신경군인은 나라를 경영하는 도요
父慈子孝濟家情	부자자효는 제가의 정이다
淸廉善政千秋本	청렴한 선정은 천추의 근본이요
儉素良風萬世瓊	검소한 양풍은 반세의 구슬이라
格物致知能得後	격물치지를 능히 얻은 후에
日新日日又新榮	일신에 일이 또 새로워지는 영광이라

경기도 동두천시 **松岩 權寧泰**

湯王斬桀世開明	탕왕은 걸왕을 베어 밝은 세상 열고
殷創盤銘自警成	은나라 창건하여 반명으로 자경을 이루었네
上者善行施德事	윗사람은 선을 행하여 덕을 베푸는 것을 일삼고
平民惡去敍仁情	평민은 악을 버리고 정성껏 인을 펼치네
盥書苟日新爲鑑	세숫대야에 쓴 구일신을 거울로 삼고
滌句良時大學瓊	씻으라는 구절은 양시에 주옥같은 큰 가르침이네
億兆黎元皆願戴	억조의 여원이 모두 떠받들기를 원했고
武文與頌聖君榮	문무왕과 더불어 영광스런 성군에 칭송되었네

경상북도 영양군 **日山 權五淳**

悟道持身趣旨明	도를 깨달아 몸가짐 취지를 밝힌 것은
湯王諭示日新成	탕왕의 유시를 날로 새롭게 이루었네
率民講誦呈誠志	백성에게 강송은 정성의 뜻을 들이고
報國謳歌竭力情	보국의 구가는 갈력의 정리로다
獎勵內修開齊月	내수를 장려하면 제월이 열리고
繼承外習似磨瓊	외습을 계승하면 마경과도 같구나
決心篤信盤銘顯	독신을 결심하며 반명을 나타내면
表裏宜隨後裔榮	안팎으로 마땅히 따라주면 후예가 영화롭네

경상북도 안동시 **玄山 權五信**

湯帝盤銘自警明	탕제는 반명으로 스스로를 밝게 경계했으니
磋磨不息日新成	쉬지 않고 갈고 닦아 일신을 이루었네
若人見善效殫意	만약 남의 선을 보면 뜻을 다해 본받고
或己有過悛盡情	혹 자기에게 과실 있으면 마음 다해 고쳤네
惡事易迷甛似密	악사란 미혹되기 쉬우니 달기가 꿀과 같고
仁心難守淨如瓊	인심은 지키기 어려우니 깨끗하기를 옥같이 하라
聖賢往跡傳經典	성현의 지난 자취가 경전에 전하니
晝夜修身必至榮	주야로 수신하면 반드시 광영이 이르리라

대구광역시 수성구 **曉峯 權宰赫**

湯王省察德明明	탕왕이 성찰하여 덕을 밝히시니
崩夏殷開偉業成	붕하은개에 위업을 이루시구나
改革朝廷培國力	조정을 개혁하여 국력을 배양하고
刷新官吏牧民情	관리를 쇄신하니 목민의 정이구나
世人教化能爲鑑	세인교화에 거울이 되고
治者薰陶善可瓊	치자의 훈도에 선행이 아름답구나
修練盤銘恒實踐	반명을 수련하여 항상 실천하니
太平聖代益繁榮	태평성대로 더욱 번영하리라

서울특별시 성동구 **葛亭 權宰興**

湯王偉蹟萬秋明	탕왕의 위적이 만추에 밝았는데
沐浴盤銘感歎成	목욕하는 반명에 감탄이 이루워진다
濯足換衣男子狀	탁족하고 환의함은 남자의 현상이요
洗顔梳髮女人情	세안하고 소발함은 여인의 심정이지
日新容貌何求玉	일신하는 용모에 어찌하여 옥을 구하는고
時淨心思自遠瓊	사정하는 심사에는 자연이 옥을 멀리하리
每滌污塵先進國	매양 오진을 세척하는 선진국엔
民生純潔益繁榮	민생이 순결하여 더욱 번영한다오

대구광역시 달서구 **黑巖 權燦喜**

湯盤苟又日新明	탕지반명은 진실로 또 날마다 새롭게 밝아질 것이며
如切如磋萬事成	여절여차하니 만사가 다 이루어지네
大義非凡凝瑞氣	대의가 비범하니 서기가 응켜있고
孝忠罔極發祥情	효충이 망극하니 상서로운 점이 발하네
仁王治國恒磨玉	어진 임금이 나라를 다스림은 항상 옥을 가는 것같고
君子修身每琢瓊	군자는 수신함에 매양 옥을 다듬는 것같이 하네
自是東方興道學	이로부터 동방에는 도학이 흥해지고
四書五經讀家榮	사서오경을 다 읽으면 가정이 영화로워진다네

부산광역시 동래구 **德岩 權 出 五**

盤銘警戒日新明	반명경계는 날로 새롭게 밝아지니
自覺虔誠大德成	자각하는 건성은 큰 덕을 이루어지니
人以洗心天賦性	사람이 세심함은 천성의 구실이고
世而濯垢聖修情	세상에 때를 씻는 것은 성인의 정신을 닦음이니
正名守義傳承鑑	정명과 수의는 전해오는 거울일세
無慾除邪實踐瓊	무욕과 사를 제거함을 실천하면서
商國治平惟至善	상국의 치평은 오직 지극한 선이고
湯王其極萬年榮	탕왕의 지극함은 만년토록 꽃다우리

울산광역시 중구 **河澹 琴 應 鍾**

盤銘日日德言明	날마다 그릇에 새긴 것은 밝은 덕을 말하고
精勵湯王感化成	부지런히 일한 탕왕이 감화를 이루었네
扶植綱常垂偉績	강상부식으로 위적을 드리웠고
宣揚禮義盡衷情	예의선양에 속뜻을 다했네
修身格物千江練	수신으로 격물은 천강에 익히고
治世平天萬樹瓊	치세의 평천은 만수에 구슬이네
國泰民安加仔細	국태민안에 자세함을 더하여
危機克服必繁榮	위기를 극복하면 반드시 번영하리라

경상북도 포항시 **奇順任**

盤刻日新誠自明	대야에 일신이라 새김은 진실로 스스로를 밝힘이니
湯王警戒大功成	탕왕께서 경계하여 대공을 이루셨네
修身得正傾心力	수신하여 바름을 얻기 위하여 심력을 기울이고
守義排邪盡性情	의를 지키고 사악을 물리치기 위해 성정을 다한다
布德愛民姸似錦	포덕애민의 마음은 곱기가 비단과 같고
施仁爲國貴如瓊	시인위국의 마음은 귀하기가 옥과 같다
人人敎化移行裏	인인마다 교화되어 이행되는 속에
天下昇平百世榮	천하가 승평되어 백세토록 영화로우리라

경상북도 안동시 **金江東**

湯王政務本心明	탕왕의 정무는 본심이 밝았고
布德盤銘偉業成	덕을 베푼 반명은 위업을 이루도다
萬古無窮君節義	군자의 절의는 만고토록 무궁하고
千秋不變聖忠情	성현의 충정은 천추의 불변이로다
文儒敎育賢人秀	유문의 교육은 어진 사람 빼어나고
武士硏修軍馬瓊	무사의 연수는 군마가 아름답도다
正道高官金玉寶	정도 고관은 금과 옥 같은 보배이고
淸廉民治國繁榮	청렴한 민치는 나라가 번영하도다

충청북도 제천시 **松圃 金敬洙**

盤銘日日又新明	반명으로 나날이 또 새로우며 밝으니
湯至文王善政成	탕왕이 문왕에 이르러 선정을 이루도다
利博仁言良俗世	인덕 있는 사람의 말은 널리 이익을 주는 양속세상이오
宣揚孝行美風情	효행을 선양시키는 미풍의 정이로다
洗心大地淸如玉	마음을 씻은 대지에는 옥과 여히 맑으며
去惡生靈潔似瓊	모든 악을 물리쳐버린 생령은 구슬과 같이 깨끗하네
以德安民天命受	덕으로 안민시키어 천명을 받으니
建邦悠久益繁榮	건방이 유구하나 더욱 번영하였도다

광주광역시 동구 **又泉 金炅旭**

殷湯盤銘並日明	탕임금의 그 반명이 햇빛처럼 광명하니
使人感嘆夢難成	사람마다 감하여 깊은 잠을 설쳤도다
操心戰戰承天意	그지 없는 조심으로 하늘 뜻을 이어받고
臨事兢兢盡物情	한이 없는 정성으로 모든 물정 다 했도다
文體彬彬如錦繡	빈빈하는 그 문채는 금수처럼 아름답고
理論赫赫似琳瓊	혁혁하는 그 이론은 구슬처럼 빛났도다
若令後學遵斯戒	오늘날의 후학들이 이의 계를 따른다면
必有餘光百世榮	쌓여 있는 그 여광이 천년만년 이어지리

강원도 양양군 **桂堂 金慶一**

溫故知新苟日明	온고지신을 진실로 날로 밝히고
盤銘座右大望成	반명을 좌우명으로 대망을 이루리라
東西協助看祥運	동서가 협조하는 상운이 보이고
南北相扶顯世情	남북이 상부하는 세정이 나타나네
皎潔康衢人口素	교결한 강구에는 사람마다 소박하여지고
玲瓏巷陌吏心瓊	영롱한 거리에는 관리의 마음이 옥 같으리
天監槿域惟民止	하늘이 살피는 근역은 유민이 머무니
國力伸張享勢榮	국력을 신장시켜 권세와 영화를 누리리

경상북도 문경시 **秋村 金光吉**

湯帝盤銘覺醒明	탕임금은 반명에 각성하시어 밝으시어
懇希善政泰平成	간절히 바라는 선정하시어 태평을 이루셨네
相扶相助如合意	상부상조하시니 뜻을 합한 것 같고
同樂同憂若爲情	동우동락하시어 정을 위함과 같네
對立解消千古範	대립을 해소하셨으니 천고의 모범이며
葛藤除去萬年瓊	갈등을 제거하셨으니 만고의 구슬이네
綱常實踐鴻敷裡	강산을 실천하여 크게 펼치는 속에
子子孫孫永世榮	자자손손은 세상영화가 영원하리라

강원도 춘천시 **星瀉 金 光 洙**

湯之奧祕萬民明	탕임금의 깊은 뜻은 만민을 밝게 함에 있는데
槿域治人不隷成	우리나라의 정치인들은 따르지를 않는구나
逆走乾元母詐語	하늘의 뜻을 역행하여 거짓말을 하지 말고
關懷順理植眞情	순리에 따라 배려하며 진정을 심으라
優先道德終來法	도덕이 먼저요 법은 나중이니
普遍常思自得瓊	상식이 두루 통하면 좋은 일 있으리니
曳導東西爲國泰	동서양을 이끌며 국태민안하면
江山錦繡滿繁榮	금수강산에 번영이 가득하리라

충청남도 공주시 **省菴 金 敎 昌**

大學盤銘厥德明	대학반명에 궐덕을 밝혔네
維新日日自然成	오직 새로운 것이 날마다하면 자연이 이루리
行仁守義先師道	어진 것 행하고 의를 지키는 것은 선사의 도요
溫古知今後世情	온고지금하는 것은 후학의 정이러라
意志清廉淡若水	의지를 청염하면 맑기가 물같고
心身洗滌潔於瓊	심신을 척결하면 구슬부터 깨끗하네
現傳聖經時習讀	현전과 성경을 때로 익히고 읽으면
孝親忠國永年榮	어버이께 효도하고 나라에 충성하여 길이 영화로우리

서울특별시 양천구 **松汀 金 敎 熙**

若效殷湯大德明	만약 은탕의 대덕 밝은 것 본받으면
凡人必是聖人成	범인도 반드시 성인을 이루리라
應知養正除邪意	응당 바른 것 기르고 삿된 것 제거할 뜻 알겠고
須勸更新革舊情	모름지기 새롭게 고치고 옛것 고칠 뜻 권함이다
垂訓千秋眞似寶	드리운 훈계는 천추에 참으로 보배 같고
譬言萬古美如瓊	비유한 말씀은 만고에 아름답기 옥돌 같다
君臣上下皆同勉	임금과 신하와 상하가 다 함께 힘쓰면
堯舜乾坤久享榮	요순의 건곤에 오래도록 번영 누리리라

대구광역시 동구 **景湖 金 國 重**

盤銘湯帝德能明	탕임금의 반명은 덕이 능히 밝았고
賴此朝廷善政成	이에 힘입어 조정에선 선정을 이루었네
刻句謹身修己意	글귀를 새겨 근신함은 수기의 뜻이요
歸心爲世牧民情	마음 돌려 세상을 위함은 목민의 정이로다
堯天麗日垂攻玉	요임금 시절의 여일은 학덕을 닦아 드리우고
舜殿薰風飾報瓊	순임금 궁궐의 훈풍은 구슬로 보답하여 꾸미었네
禮樂啓蒙從正道	예락은 계몽하고 정도를 따라서
齊家治國大繁榮	제가치국으로 크게 번영하였네

부산광역시 남구 **雲亭 金 奎 錫**

今考湯銘奧義明	이제 탕명을 상고해보니 심오한 뜻 밝혔고
亂麻繞世正匡成	어지러운 세상을 바로잡아 다스려야 하네
邦寧政善千秋鑑	선정에 나라가 편안하니 천추에 본보기되고
國泰民安萬古情	국태민안하니 만고의 뜻이로구나
尙禮崇仁開意極	예와 인을 지극한 뜻으로 숭상하였고
勸忠獎孝效章瓊	충효를 권장하는 장경같은 문장 본받아야하네
日新苟日黎首樂	일신구일신하니 모든 백성 즐겁고
社會前程大有榮	사회에 전정에는 큰 영화가 있으리오

강원도 동해시 **石潭 金 吉 壽**

湯主盤銘似日明	탕임금의 욕조 반명은 해와 같이 밝은데
先驅夏桀國新成	먼저 하나라 폭걸을 몰아내고 새나라를 이루었네
施仁布德傾誠意	시인포덕에 정성을 기울이고
勸善排邪盡力情	권선배사에 정력을 기울이셨네
字字名言三尺璧	글자마다 명언은 삼척의 구슬이요
聯聯正說一枝瓊	련마다 정설은 한 가지 구슬이네
自身省察誰無仰	자신을 성찰함을 누가 우러러보지 않으리요
可識悠悠共享榮	가히 오래오래 함께 영화 누림을 알겠네

경상북도 예천군 **淸溪 金 能 洙**

吾韓前道願光明	우리 한국의 앞날에 희망의 빛을 원한다면
諸事改良要續成	제반사를 좋게 고침을 계속 이루기를 요구하네
溫故知新匡世俗	온고지신하면 세속이 바로 잡힐 것이고
開來繼往厚人情	계왕개래하면 인정이 두터워질 것이네
更爲意志佳如玉	고치려는 의지는 옥처럼 아름답고
變欲誠心曜似瓊	변하려는 성심은 구슬처럼 빛나네
生活全般修正勉	생활 전반을 바로 고침에 힘을 쓰면
邦家文物永繁榮	나라의 문물이 오래도록 번영하리라

대전광역시 서구 **靑園 金 東 一**

湯王治化在心明	탕왕의 치화가 마음을 밝히는데 있어서
日日新中大業成	날마다 새롭게 하는 가운데 대업을 이뤘네
濟世施仁從聖訓	제세에 인을 베풀며 성훈을 쫓았고
經邦布德察民情	경방에 덕을 펴며 민정을 살피었네
千秋暴桀昏朝石	천추에 포악한 걸은 혼조의 돌이었다면
萬古賢伊昭代瓊	만고에 어진 이윤은 소대의 구슬이었네
警句盤銘修己道	경구를 반명으로 함은 수기치인의 도니
唐虞善政更承榮	당우의 선정을 다시 이어서 번영했도다

울산광역시 남구 **湄抒 金 東 哲**

歡呼聖敬旭昇明	기뻐하는 존엄한 공경이 해가 뜨는 밝음이라
代虐施寬立愛成	폭정을 대신하여 너그러움 베풀어 사랑을 세워 이루웠네
百姓爲忠承訓迪	백성들은 충성을 바쳐 가르침을 받들어 이어가니
相扶習俗活溫情	서로 돕는 익숙한 풍속에 따뜻한 정이 활기차구나
狂濤疫禍能堪勝	미친 파도 같은 코로나19 재앙을 능히 감당하여 이겨냄은
苟日創新驚句瓊	진실로 하루를 새롭게 거듭나게 깨닫는 글귀의 아름다움이라
濁世誰知君子道	어지러운 세상에 어느 누가 군자의 도리를 알겠냐만
時中順處雅儒榮	때에 따라 순리로 처신하며 바르게 사는 선비 영화롭구나

부산광역시 북구 **素蓮 金 芝 順**

湯王盛德道能明	성왕의 성덕과 도를 능히 밝히어
省察盤銘指定成	성찰하는 반명은 지정을 이루었네
警戒洗心先帝業	마음을 씻어 경계함은 선제의 업이고
奉行立志故人情	뜻을 세워 봉행함은 고인의 정이라
前賢遺訓追尊鑑	전현의 유훈을 추존하여 귀감이 되고
古聖嘉言敎化瓊	옛 성인의 가언의 교화는 보배가 되었네
八目三綱傳解釋	팔조목 삼강을 해석해 전하였고
儒家誠意永繁榮	유가의 성의있는 뜻은 영원히 번영하리라

광주광역시 남구 **省悟 金 得 煥**

分明義理巷閭明	의리에 분명해야 서민 마을이 밝고
本我獻身功業成	본래는 헌신해야 공업이 이루어지네
請雨犧牲嬰白草	비를 청하며 희생하고 흰띠풀 둘렀고
桑林自責愛民情	상림에서 자책하니 백성을 사랑한 마음일세
盤銘新日鞭治國	반명에 날로 새로움은 치국의 채찍이요
六事斁文優若瓊	여섯가지 자책문은 옥처럼 훌륭했다네
出馬登程諸政客	출마의 길에 오른 모든 정객들이
唯思百姓讓吾榮	오직 백성만 생각하고 나의 영광 사양하소

대구광역시 달서구 **金 明 康**

古代盤銘再照明	고대 반명을 재조명 하는구나
湯王夏滅者殷成	탕왕은 하나라를 멸하고 은나라를 세운 사람이다
刷新制度安民策	쇄신하는 것은 백성을 편하게 하자는 것이고
革故經綸求世情	옛것을 고치는 경륜은 세상을 구하자는 뜻이다
得道內心如淨水	도를 닦는 사람은 깨끗한 물같은 사람이다
修身外貌似磨瓊	몸을 닦는 사람은 외모가 다듬은 옥같고
佳規實踐千年樂	좋은 규칙을 실천하면 늘 즐거울 것이고
固守聖言萬歲榮	성인의 말을 지키면 늘 영화로울 것이다

경기도 용인시 **龍谷 金 明 培**

湯王建國瑞光明　　탕왕의 전국은 서광이 빛나고
偉蹟彬彬大業成　　빛나는 위적은 대업을 이루었다
碑石常思千歲氣　　비석 내용을 늘 생각하여 천세기 얻고
銘肌鏤骨一心情　　명기누골하여 한마음이다
每朝往往先知鑑　　매일아침 때때로 천년의 거울이 되고
洗面時時自覺瓊　　세면시마다 깨닫게 하는 것이다
道德宣揚施善政　　도덕선양으로 선정을 베풀고
綱常扶植後孫榮　　부식강상을 후손이 번영하리

경상남도 고성군 **金 文 洙**

湯王盤銘自警明　　탕임금 욕조에 새겨 스스로 경계함을 밝혔으니
日新又日日新成　　날로 새롭게 하고 또 날이면 날마다 새롬을 이루어
民思換易思惟智　　백성들 사고를 바꾸면 생각이 지혜롭고
天性回收性理情　　본성을 회복함이 인성과 천리의 정이로다
積惡排除宣德本　　쌓은 잘못 배제함은 덕을 베푸는 근본이요
餘愆更正脫塗瓊　　남은 허물 다시 바룸은 때를 벗은 옥이로다
何謨改革伸張動　　무엇을 도모하든 새롭게 고치면 신장의 동기가 되니
聖旨遵用必有榮　　성군 뜻 준용하면 반드시 번영이 있으리라

부산광역시 진구 **金珉慶**

湯王遺訓日如明	탕임금 유훈 해 같이 밝으니
警句盤銘偉業成	반명의 경구 위업을 이루셨네
克己精神追聖教	극기 정신은 성인 가르침 따름이고
實行意志慕賢情	실행의지는 현인 뜻 흠모함이라
破邪濟世能磨鏡	파사제세하니 마경에 능하고
顯正安民可佩瓊	현정안민은 패경이 가능하구나
法古創新千載鑑	법고창신은 오랜 세월 귀감이니
開來繼往得光榮	개래계왕의 영광 얻으셨네

대구광역시 동구 **東隱 金丙練**

湯之警戒日新明	탕지반명 일일신이요
洗條污塵潔淨成	티끌세척 정결을 이루고
治國平天開義路	치국평천 개의로요
修身齊宅孰忘情	수신제가 누가 그 정을 잊겠노!
舜風解慍千秋鑑	순풍해온 천추에 귀감이 되고
禹斧調洤萬古瓊	우부치감은 만고에 옥이다
道德宣揚忠孝致	도덕선양하여 충효를 이루고
綱常扶植後來榮	강상부식으로 후래에 영화하리

울산광역시 동구 杲原 金 秉 祚

湯銘詳考座銘明	탕지반명 상고하니 좌우명이 분명하고
日日新行發展成	날마다 새롭게 행하면 발전을 이루네
退斥邪心修養志	뜻을 수양하여 사심을 물리치고
排除惡習練磨情	마음을 연마하여 악습을 배제해야되네
官僚適用邦家玉	관료가 적용하면 나라가 아름답고
百姓追求社會瓊	백성이 추구하면 사회가 아름답네
膾炙萬人誰不感	만인에 회자되니 누가 감동하지 않으리오
平生實踐有光榮	평생 실천하면 광영이 있네

경상북도 영천시 翠庭 金扶흥

千古盤銘貫日明	천고반명은 날과 달을 꿰었으니
湯王乾惕大功成	탕임금 부지런함이 큰 공을 이루었다
洗身自省愛民義	몸을 씻고 스스로 반성하는 것은 백성을 사랑하는 것이요
滌垢不休安國情	때씻음을 쉬지 않는 것은 나라를 편안히 하는 뜻이다
事事盡誠如琢玉	일마다 일마다 정성을 다함은 옥을 다듬는 듯하고
時時修德似磨瓊	때때로 덕을 닦음은 구슬가는 듯하다
此心此意無間斷	이 마음 이 뜻은 그침이 없으면
舜雨堯風萬世榮	순임금 비요 요임금에 바람에 만세토록 영화로우리라

대구광역시 달서구 **晴湖 金 思 昊**

盤銘大義古今明	탕지반명은 대의가 고금으로 밝고
每事新民善性成	매사에 백성이 새로우면 선성을 이루고
發意挑仁相助格	뜻을 발해 어짐을 돋우면 서로 도움에 이르고
洗心撥惡太和情	세심으로 악을 제거하면 태화의 정이다
綱常正效千秋道	삼강오상을 바르게 본받으면 천추의 길이고
德業尊承萬歲瓊	덕을 업으로 존승하면 만세의 옥이다
賴此彝倫敦日日	이에 힘입어 이륜이 나날이 도타우면
邦寧本固永繁榮	본고방녕으로 길게 번영하리라

대구광역시 중구 **金 相 晩**

湯王本性極賢明	탕임금에 본성이 지극히 현명하사
盤刻日新仁政成	세숫대야에 일신을 새기고 어진 정치 이루셨네
聖學繼承隆士道	성학을 계승하여 사도가 융성했고
民風啓導厚人情	민풍을 계도하여 인정이 후덕했네
修身竭力研如玉	수신에 힘을 다하길 옥을 다듬 듯하고
處世傾誠潤似瓊	처세에 정성 들이기를 구슬이 윤나듯이 하여
遺訓實行常自警	유훈을 실행하고 자신을 깨우치면
未來開拓必繁榮	미래가 개척되어 반드시 번영하리

대구광역시 수성구 栗史 金石基

去殘除虐日新明	잔인함을 버리고 학정을 제거하여 날로 새롭고 밝아지니
時雨行雲德業成	때맞은 비에 구름이 떠다니니 덕업이 이루어지네
無欲無塵君子志	욕심도 없고 때도 없는 것은 군자의 뜻이요
有仁有德主君情	인이 있고 덕이 있는 것은 주군의 실정이다
凡庸浴器恒茶飯	널리 쓰는 욕기는 늘 먹는 다와 밥이요
爲政善民永玉瓊	착한 백성에게 하는 정치는 영원한 옥과 구슬이로다
稟性如天污染滌	품성이 하늘과 같아 더럽게 물든 것을 씻고
舊邦改革萬世榮	구방을 개혁하여 만세토록 영화로우리라

경상북도 영주시 蔘農 金奭兆

湯銘警句發文明	탕지반명 한 경구로 문명을 꽃 피워
海晏河清盛代成	해안하청의 성대를 이루었구나
不忘洗心匡世俗	잊지 않고 마음을 씻어 세속을 바로 잡았네
無休修德察民情	쉼없이 이 덕을 닦으며 민정을 보살폈도다
治邦聖主三槐首	치방성주는 삼공의 우두머리요
佐命賢臣九棘瓊	임금 도운 현신은 구경의 구슬이라네
日日反芻新改善	날마다 되새기며 새롭게 개선되니
伸張國力益繁榮	신장된 국력이 더욱 번영하누나

서울특별시 도봉구 **安齋 金 錫 彰**

湯王善導日新明	탕왕 선도 날로 새롭게 밝아지고
盥頮盤銘見習成	세수 대야에 새겨 보고 익히고
康國道修元德意	편안한 나라 수도의 원덕에 뜻으로
蒸民立教大安情	서민교육을 세운 큰 뜻이네
書生讀史淸音響	글 읽는 서생 맑고 밝은 소리 울려
韻士詩歌轉玉瓊	시인 옥 구르는 아름다운 노래네
治政聖朝邦變化	은나라 성조정치 변화하여
誠心改革最光榮	성심개혁 최고영광의 꽃 이네

경상북도 경주시 **祿潭 金 錫 海**

殷朝峻德古今明	은조의 준덕은 고금에 밝고
湯主盤銘典範成	탕임금의 반명은 전범을 이루다
善行日新君子氣	선행일신함은 군자의 기요
仁心從又聖人情	인심이 또한 일신하면 성인의 정이라
愛親極孝氷開鑑	애친의 극효는 개감처럼 밝고
憂國殫忠雪瑣瓊	우국의 탄충은 쇄경처럼 깨끗하다
扶植綱常垂敎化	부식강상으로 교화하여
太平盛世萬年榮	태평성세 만년영화 하기를

전라남도 광양시 **石浦 金 城 圭**

湯之治國德仁明	탕왕의 은나라 다스림에는 언덕이 밝았고
盤銘監省克台成	반명보며 감성으로 자기를 이기는데 성공했네
私滅奉公民與樂	멸사봉공 자세로 백성과 함께 즐기고
夏征苛政姓求情	하나라의 가혹한 정치를 정벌하여 백성을 구했다
爲踐奎章萬古眞	실천 위해 임금이 새긴 글은 만고의 진리이며
平蕩革新千歲瓊	혁신하며 편안하게 다스림은 천세의 옥이네
倫理精神責世塵	윤리정신이 요구되는 어지러운 세상에
履王訓受道崇榮	리왕의 가르침 배우면서 도의 영예를 높이자

제주도 제주시 **永辰 金 世 雄**

湯銘警句古今明	탕지반명 경구가 고금을 밝혀
國泰民安萬事成	국태민안으로 만사를 이루었네
扶植改良無極理	바로 세우는 개량은 이치가 끝이 없고
宣揚傳敎太和情	선양하는 전교는 정으로 크게 화합하네
違常紀序如襟素	정상에서 다른 질서는 속마음과 같아서
苟活維新似佩瓊	안일함을 유신함은 옥패를 찬것 같네
尖銳準由多變化	첨예한 것 본받아서 변화가 많고
先人恩德益繁榮	선인들 은덕으로 번영을 더하네

서울특별시 구로구 **金洗漢**

省察專心自戒明	스스로 경계하며 전념하는 마음 밝혀
修身進就得中成	수신 진취에 뜻을 이루네
今生正正勤誠事	금생에 정정 근성으로 일하니
此出堂堂興業情	당당이 나가 흥업에 정 드리네
大旱七年祈雨殿	칠 년 대한 기우 전에
甘露幾日願求瓊	단비 며칠에 원하던 보배를 구하고
唐堯虞舜夏亡際	당뇨우순에 하나라 망할 때
登極盤銘萬姓榮	반명으로 등극하니 천하에 영광이로다

경상남도 진주시 **韶山 金樹晩**

盤銘刻訓日新明	욕반에 새긴 훈계는 날로 새롭게 밝혔고
湯主修身善政成	탕임금이 수신하여 선정을 이루셨네
治國宜當匡世俗	치국은 의당 세속을 바르게 하고
齊家必是厚民情	제가에는 필시 백성의 정을 두터이 하였네
習知仔細心如鏡	자세하게 익히 알기를 마음은 거울 같고
熟讀昭詳句似瓊	숙독해서 소상하게 앎 매 구절이 옥장 같네
自警恒思期大聖	자경을 항상 생각하며 대성을 기약하고
昇平天下得光榮	천하에 광영을 승평과 함께 얻으리라

경상북도 영양군 **山雲 金 淳 鉉**

又曰湯之建立明	또 낮탕지 건립이 밝아진다
盤銘盥手洗手成	세수대야 관수물로 세수를 이루고
殷帝古代眞修物	은나라 임금 옛날에 참으로 닦은 물건이요
苟日新行德被情	진실로 새로운 날 행하는데 덕의 피정이요
康誥書經民衆世	강고의 글과 경애 민중의 세상이요
邦其百姓起來瓊	그 나라 백성이 일어나 옥돌같다
桀王暴惡殘忍續	걸왕 폭악으로 잔인하게 계속되고
君子精誠至極榮	군자된 정성 지극 영

경상남도 함양군 **智山 金 淳 華**

錦繡江山日漸明	금수강산 나날이 밝아져
萬邦欽慕旣垂成	만방의 흠모는 이미 드리워졌네
韓流浩氣相連友	한류의 큰 기운 서로 친구로 이어져
世界多光互結情	세계의 다양한 빛 서로 정을 맺네
經濟規模先進位	경제규모 선진의 위상
名工製品最高瓊	명공의 제품은 최고의 구슬
東西協合當今課	동서화합이 지금의 과제
南北疏通人類榮	남북 소통이 인류의 영광이라네

서울특별시 금천구 **勤齋 金 承 善**

夏朝湯誓闡公明　　하나라 조정에 탕서로 공명이 열리니
當代新商革國成　　당대에 새롭게 상으로 고치여 나라를 이루었네
伊尹忠賢遷聖道　　이윤의 충성과 어짊은 성도를 옮기고
仲虺哲匠展民情　　중회는 현명한 재상으로 민정을 폈네
帝王政治基三寶　　제왕의 정치는 삼보를 기본으로 하고
土地經營得八瓊　　토지를 경영하여 팔경을 얻었도다
天命文華承大業　　천명을 문화의 개화로 대업을 이어서
盤銘善德世光榮　　반경의 선덕으로 세상이 빛나고 영화로웠네

경상북도 안동시 **清湖 金 時 台**

盤銘湯帝志分明　　탕제의 반명은 뜻이 분명하고
克己加鞭盛世成　　극기에 가편하여 성세를 이루었네
自省每從施廣德　　자성을 매양 따르며 넓은 덕을 베풀고
日新恒念仰高情　　날로 새로움게 항상 생각하니 높은 뜻을 우러르네
朝廷信賴昭如鑑　　조정을 신뢰하니 거울같이 밝고
官吏清廉淨似瓊　　관리가 청렴하니 구슬같이 맑구나
態度謙虛邪慾棄　　겸허한 태도로 사욕을 버리면
昇平天下得繁榮　　승평한 천하에 번영을 얻으리라

광주광역시 동구 **雲谷 金 永 國**

日日新民德益明	나날로 백성을 새롭게 하여 덕 더욱 밝고
治由四教太平成	사교로 다스려 태평을 이루었네
忘身輔國賢臣事	몸을 잊고 보국함은 현신의 일이요
盡力迎人聖主情	진력하여 인재를 맞이함은 성주의 정이네
先祖遺勳非寶劍	선조의 유훈이 보검이 아니요
後孫創造是瑰瓊	후손의 창조가 진귀한 옥이네
成湯自勵盤銘訓	성탕은 대야 명의 가르침으로 자려하였으니
惟善勤行永世榮	오직 선을 부지런히 행함이 영세의 영화라네

서울특별시 양천구 **松崙 金 永 錫**

盤銘治世信條明	세상을 다스림에 있어 탕의 반명은 자기 신조를 밝힘으로써
不失初心聖代成	초심을 잃지 않고 태평성대를 이루려 함이었네
黔首疎通仁布德	일반 백성들과의 소통을 통해 인덕을 베풀고
賢臣紐帶友敦情	현신들과의 유대를 통해 우정을 돈독히 하였다네
沸騰利輩時時諂	모리배들이 들끓으니 때때로 아첨이요
腐敗官僚日日瓊	관료들이 부패하니 날마다 뇌물인 옥뿐이네
登用人材安國政	인재들을 잘 골라 뽑아씀으로써 국정을 안정시키고
建商滅夏引繁榮	하나라를 멸하고 상나라를 세워 나라 번영을 이끌어 갔다네

서울특별시 강남구 **雲亭 金 榮 錫**

盤銘玉句德明明	반명의 옥구 밝은 덕을 밝히며
自警湯王大業成	탕왕의 자경문으로 대업을 이루셨네
日日新風舒聖世	일일 신풍으로 성세를 펴고
年年古禮察民情	년년 고례로 민정을 살피셨도다
憂慵正性如觀鏡	게을러짐을 걱정 성품을 바르게 함이 거울을 보듯이
懼穢修身若琢瓊	더러워짐을 염려 수신함이 옥을 다듬는 듯 하셨네
本分吾儕傾最善	우리 모두 본분에 최선을 기울여
齊家治國共繁榮	제가치국에 함께 번영하길

경상북도 문경시 **如山 金 永 雨**

湯王善政本然明	은나라 탕왕께서 착한 정치를 하시니 근본이 밝았고
晝夜修身好稟成	낮과 밤으로 몸을 닦으니 선천적으로 타고난 품성을 이룩하였네
布德當時常有賴	당시에 덕을 베푼 것이 늘 신뢰스럽고 의지가 되었고
施恩到處亦多情	도처에 은혜를 베푸니 역시 다정한 정이 많았네
紀綱確立千人範	법도와 질서를 확고하게 세우니 모든 사람들의 본보기가 되었고
仁義宣揚百歲瓊	인간의 도리를 널리 떨침은 백세의 옥이었네
擧國官民隨此訣	온나라 백성이 이 비결을 따르고
日新日進共繁榮	날로 새로워져서 날로 전진해 나가면 함께 번영하리요

경상북도 문경시 **水連 金英子**

修身本立五倫明	수신을 근본으로 세우면 오륜이 밝아지고
每效堯謨美俗成	늘 요임금의 계책을 본받으면 아름다운 풍속이 이어진다
苦吐甘吞今世態	쓰면 뱉고 달면 삼키는 것이 지금 세태의 모습이고
安貧樂道古人情	가난함 속에서도 도를 즐기는 것은 옛사람의 정서로다
寧中遠慮賢官法	편안한 중에 앞날의 일을 염려함은 현명한 관리가 할 법도요
險下深思聖主瓊	위험한 가운데 생각을 깊이함은 훌륭한 임금의 아름다운 옥이로다
賴此五邦興禮節	이에 힘입어 우리나라가 바른 예절을 일으킨다면
年年歲歲益繁榮	세세년년 오랫동안 더욱더 번영할 것이다

부산광역시 진구 **金永澤**

教訓盤銘世闡明	반명의 교훈 세상에 천명하니
湯王反省偉名成	탕임금의 반성 위명을 이루셨네
修身克己傾誠意	수신극기에 성의를 기울이고
立志虛心盡力情	입지허심에 역정을 다하셨다
小利不關千載鑑	소리불관은 천재의 귀감이요
大原洞察萬秋瓊	대원통찰은 만대의 보물이라
遺芳懿蹟揮青史	유방의적은 역사에 빛나고
國泰民安必有榮	국태민안하심은 반드시 영광이 있구나

경상북도 영주시 **金榮弼**

湯帝朝廷是闡明	탕임금 조정이 이에 밝게 드러나며
日新靖國泰平成	날로 새로운 정국은 태평을 이루네
破邪濟世千秋鑑	사악함을 깨트리고 제세하니 천추에 거울이며
布德安民萬古情	포덕안민의 뜻 만고 이어가네
虞舜良風如霽月	우순의 양풍은 비 갠 뒤에 밝은 달과 같고
唐堯美俗似磨瓊	당요 미속은 옥을 가는 것 같네
咎悔桀紂施仁政	걸주를 책망하고 후회하며 인정을 베푸니
擊壤歌高永遠榮	격양가 높은 소리와 영화는 영원하리라

경상북도 구미시 **草堂 金榮華**

殷之善主日新明	은나라 선주가 일신을 밝히니
國泰平治漸進成	나라가 태평치하여 점진함을 이루었고
政府綱常扶植義	정부는 강상 부식하니 의요
鄕民忠孝實行情	향민은 충효를 실행하는 뜻일세
傳承聖訓修身鑑	성훈을 전승하니 수신의 귀감이요
講學經書益智瓊	경서 강학하니 지혜를 더해주는 경이라
謹守盤銘燈下努	명반을 근수하니 등하에 노력이요
子孫萬代願繁榮	자손 만대의 번영을 원하노라

광주광역시 동구 **覺軒 金 容 圭**

洗身去垢似心明	몸을 씻어 때를 제거함이 마음을 밝게함과 같으니
日日新新乃效成	날마다 새로워야 그 효과 이룬다네
曾向炎凉無改志	일찍이 염량향해 뜻 고침이 없었고
便從寒暑不爲情	문득 한서 쫓아 마음 변하지 않는다네
人而滅學比湑璞	사람이오 학문이 없으면 서기옥에 비유하고
物或加工作彩瓊	물건도 혹 가공하면 채색옥을 만든다네
勿忘盤銘行久遠	반명을 잊지 말고 오랫도록 실행하면
非惟顯祖國家榮	오직 조상을 들어낼 뿐 아니라 나라의 영광이라네

광주광역시 남구 **素巖 金 容 淑**

湯王偉蹟古今明	탕왕의 위적은 고금에 밝아
黎庶迎君所願成	백성은 성군을 맞이하는 소원을 이루었네
天命追從憂國志	탕왕이 천명을 추종함은 우국의 뜻이요
地祇順應愛民情	지선에 순응함은 애민의 정이로다
洗心去垢如彛道	세심하여 때를 벗김은 뜻뜻한 도와 같고
浴體抛財若懿瓊	욕체하여 이재를 버림은 아름다운 옥과 같도다
又日新銘眞實踐	일신우일신의 반명을 진실로 실천하면
萬年間斷莫繁榮	만년 간단없이 번영하리로다

서울특별시 성북구 **金 雄 一**

湯王民治益彰明	탕왕님의 백성 다스림은 더욱 창명 하였고
刻字盤銘懿績成	반명의 각자는 의적을 이루었도다
布德良風同樂意	덕을 베푼 양풍은 동락의 뜻이고
施仁美俗共歡情	어진 미속 베푸니 다 함께 기뻐하는 정이로다
彝倫實踐珍珠赫	이륜을 실천하니 진주같이 빛나고
道義修行寶玉瓊	도의를 수행은 보옥같이 아름답도다
愛國忠君青史記	애국하고 충군 하니 청사에 기록될 것이고
朝廷顯正得光榮	조정이 현정 하여 영광을 얻었도다

광주광역시 광산구 **儒泉 金 元 圭**

湯帝靈臺與月明	탕임금 영대가 달과 더불어 밝으니
盤銘玉句自然成	반명의 옥구가 자연히 이루어졌네
先儒採擇爲誠道	선유가 채택하여 진실한 도를 삼아왔고
後學推尊寫熱情	후학이 추존하여 열정을 쏟아왔네
日日研修如拭鏡	날마다 갈고닦는 것을 거울을 닦듯이 함이요
時時省察似磨瓊	때때로 성찰함에 옥을 갈 듯이 함이로세
齊家保國平天下	집을 가지런히 하고 나라를 보전하고 천하를 평평히 하는데 있어
莫不由斯漸顯榮	이로 말미암아 점점 현달하여 영화롭지 않음이 없었네

충청북도 충주시 **如河 金 源 泰**

善政殷湯萬物明	은나라 탕왕의 선정은 만물을 밝히니
盤銘自省戒心成	반명으로 자성하여 마음을 경계하였네
日新輔國傾誠意	나로 새로워 나라를 도움에 성의를 기울이고
月進安民盡力情	달로 나아지는 안민을 위해 진력하는 마음이네
上下施仁如錦繡	상하에 베푼 인은 금수 같고
乾坤教化似琳瓊	건곤을 교화하니 아름다운 독이로다
昨今板蕩慨歎際	작금의 어지러운 정치판을 개탄하며
匡飭三韓必有榮	삼한을 바로잡아 정제하면 영화로움이 있음이네

서울특별시 송파구 **槿叡 金 柳 延**

湯帝盤銘大闡明	탕임금 반명을 크게 열어 밝힘은
心身自警使期成	심신을 스스로 경계하면서 하여금 꼭 이루어지기를 기약함이네
常行日日先賢訓	항상 날마다 선현 가르침을 행하고
每念時時古聖情	매번 시시로(때때로) 옛 성인 마음을 염한다
規矩治民無朽寶	법도 본보기(規矩)는 치민하는데 썩지 않는 보배이며
準繩經世不虧瓊	모범표준(準繩)은 세상 다스림에 이지러지지 않는 옥(玉)일세
諸官踐履胸中刻	제관들이 가슴에 새기고 실천에 옮긴다면
萬國同胞賴此榮	만국 동포가 이에 힘입어 영화로우리라

전라남도 여수시 **三浦 金恩斗**

湯盤銘訓益分明	탕임금의 대야에 새겨진 교훈 더욱 분명하여
吟誦隋時警句成	수시로 음송하니 경구가 되었네
厚被鴻恩殷主福	두터이 입은 홍은은 은나라 임금의 복이요
日新聖德伊尹情	날로 새로운 성덕은 이윤의 뜻이라
懷心字字千秋鑑	마음에 품은 자자마다 천추의 거울이요
刻骨行行萬古瓊	뼈에 새긴 행행마다 만고의 보배로세
允執厥中殃自遠	윤집궐중하면 재앙은 절로 멀어져
子孫代代永繁榮	자손 대대로 길이 번영하리

경기도 이천시 **白也 金日濟**

湯盤古事史中明	탕지반명의 고사가 역사 가운데 빛나노니
日日尤新大業成	날마다 더더욱 새롭게 대업을 이루자
變化展開成國本	발전과 변화를 전개하여 나라의 기본을 이뤄야하고
希望推進守民情	희망을 추진하여 백성의 뜻을 지켜야하리
危機克服千秋鑑	위기를 극복함은 천추의 귀감이요
改革同參萬歲瓊	개혁에 동참함은 만세토록 옥이로다
民主精神承繼裡	민주정신을 승계하는 가운데
打開難境得光榮	난경을 타개하여 영광을 얻으리라

경상북도 영천시 洗心堂 金 壬 洙

盤銘聖訓日如明	반명의 성훈은 해와 같이 밝으니
大廈將頹柱石成	큰집을 바로 잡아 주는 주석을 이루도다
警句每看新意志	깨우치는 글귀를 늘 보며 의지를 새롭게 하고
名言重視洗心情	거듭 보는 명언은 세심정이네
恒常暗誦爲龜鑑	항상 암송하며 귀감을 삼아
永久承傳作玉瓊	영구히 전하고 이어서 옥경을 만드세
可使官民從此計	관민이 이 계를 가사 따라하면
邦家發展子孫榮	나라와 집이 발전하고 자손이 영화롭다

대전광역시 서구 豐山 金 長 元

夏頹殷王救文明	하퇴하신 은왕께서 문명을 구제하시고
弱者扶民治世成	약한 백성을 도와 치세를 이루셨네
唐代親征安秩序	당시 친정으로 질서를 안정시키고
恒常善政振恩情	항상 선정으로 은정을 진작시켰네
湯之訓導盤銘警	탕지의 훈도반명은 일깨우는 말씀이니
衆庶日新大志瓊	중서의 일신함은 구슬같은 큰뜻이네
多數名言懷自覺	많은 명언들 자각되어 마음에 품으면
黎首皆偕爲光榮	국민들 모두 함께 광영되리라

경상북도 문경시 **愚山 金長煥**

湯之盤器刻文明	탕지목욕그릇에 좋은 글 새겨져 있는데
日日新民警句成	일일신 우일신 등 백성을 새롭게 하는 경구가 있네
聖訓傳承施世德	옛날 성인의 가르침 전승하여 세상에 덕을 펴고
儒風振作厚人情	유풍을 진작하여 세상 인정을 후하게 하세
一章卓說千秋寶	대학의 한 구절 좋은 말 천추의 보배요
數字嘉言萬代瓊	몇 자 안 되는 아름다운 말 만대의 귀한 옥일세
大學書中眞貴冊	사서 중 대학책 진실로 보배이니
詞林耽讀必身榮	우리들 모두 탐독하면 몸과 마음 영화로울 것이리라

전라남도 보성군 **金在京**

盤銘日日又新明	반명에 일일과 우신이라함이 밝으며
洗浴惟民悅感成	세욕한 백성들이 기쁜 느낌 이루오네
格致誠心知至善	격치와 성심은 지선함을 알으며
修身敬意德行情	수신과 경의는 덕을 행한 정이옵고
杏壇燦爛文風雅	향교는 찬찬하게 문풍이 아름다우며
槿域佳鄕禮俗瓊	우리나라 좋은 시골에는 예속의 경거이고
鄒魯遺傳承脈絡	추로의 유풍전함을 이어온 맥락에
繁興絃誦頌光榮	현송이 빈흥하니 광영을 칭송하도다

전라남도 순천시 **默軒 金靖斗**

殫誠靜裏條心明　　고요한 속으로 정성을 다하여 마음을 세척하면 밝게 되고
驚世儒風何代成　　세상을 놀라게 할만한 유풍은 어느 대에나 이루워질고
槿域千年尊禮義　　우리나라는 천년을 예와 의리를 높이 존중하고
仁鄕萬古尙倫情　　만고 어진 고향에는 인륜의 정을 숭상하여 왔노라
甘言不敬非尋孝　　말은 달게 하고 공경을 아니하면 깊은 효도가 아니다
養志無憂親愛瓊　　어버이를 옥같이 사랑할 뜻을 기르면 만년을 근심이 없다
定省隨時莫行止　　昏定席晨問後 살핌을 때때로 행함을 그치지 말고
崇高正道將興榮　　정도를 높이 숭상하면 장차 영화가 일어나리라

부산광역시 연제구 **直山 金鍾大**

湯帝盤銘自警明　　탕임금의 반명은 스스로 경계하고 밝게 하는데
浴身去垢刷新成　　목욕하고 때 씻고 쇄신함을 이루리라
修齊可見潔胸臆　　수신제가는 흉금의 정결함을 볼 것이요
格致方知寬性情　　격물치지는 성정의 관대함을 알리라
每日洗心心欲鑑　　매일 세심하니 마음이 거울 같고저 하고
恒時誦句句輝瓊　　항시 송구 글귀는 옥경 같이 빛나는구나
止於至善無私慾　　지선에 이르러 사욕이 없으면
聖道宣揚竟得榮　　성도를 선양함에 마침 영화를 얻으리라

부산광역시 수영구 **淸泉 金 鍾 石**

盤銘警句日新明	반명의 경구 나날이 새롭게 됨을 나타내니
反省湯王德業成	반성하신 탕임금 덕업을 이루셨네
克己修身追聖敎	극기수신은 성인의 가르침을 따르시고
虛心立志慕賢情	허심입지는 현인을 사모하는 정이구나
正名實踐資攻玉	정명 실천하심은 智德 닦음 취하시며
私慾排除望報瓊	사욕의 배제는 보옥의 바람이라
天下治平從此始	천하의 치평은 이에 따라 시작되어
弔民伐罪得光榮	조민벌죄하심은 광영을 얻으셨네

제주도 제주시 **靑峰 金 宗 洙**

湯盤困境日新明	더운물 대야에 들어가 곤경에서 일신을 밝게하고
沐浴居齋氣力成	목욕하고 거재유생 마음같이 기력을 이룸일세
相接段階邈世事	상접단계로 주위 깊게 멀리두는 세상사요
距離關係障人情	거리두기 관계로 막혀버린 인정이로다
月光皎潔疵銘記	교결한 달빛 속에서도 재앙은 명심하건만
花色玲瓏念慮瓊	영롱한꽃 고운빛보는 시각이 염려가 되도다
難局心身除解決	심신에 어려운난국을 깨끗히 해결하고
未來瑞運所望榮	미래의 서운에 영광만을 소망해보네

경상북도 문경시 明沙 金鍾鉉

湯王創國色鮮明	탕왕창국의 색 선명하니
德日新新商大成	덕으로서 날로 새롭고 새로우니 상나라가 대성했네
反是雖親愁客夢	이것을 반하면 비록 친할지라도 수객의 꿈이요
對應亦遠戀人情	물음에 응대하면 또한 멀찌라도 연인의 정이지
融師好問氷開鑑	서승을 높여 잘 물으면 얼음을 보는 것같고
修道儀模雪碎瓊	수도한 의모는 눈이 부신 옥일세
實踐銘心垂訓處	실천을 명심하고 수훈을 하는 곳에
相扶相助萬孫榮	서로 붙들고 서로 도와주면 만손이 다 영화로워지리

경기도 수원시 靜齋 金胄植

湯銘大學載分明	탕지반명은 대학에 분명히 있는데
日日誠勤必有成	일일성근하면 반드시 이루리라
治國淸官殫力志	청관치국에 탄력지하고
齊家黎首盡心情	여수제가에 진심정해야하네
養蠶主婦披衣錦	주부양잠에 비단옷 입고
耕種農夫食米瓊	농부경종에 쌀밥 먹네
邦命維新龜鑑際	방명유신을 귀감하는 가운데
將來天步得繁榮	장래천보는 번영하리라

경상북도 문경시 **石齊 金 中 鐸**

人間到處五倫明	인간 세상 도처에 오륜이 밝고
斯道能令大功成	유교도덕이 능히 대공성일세
每日龍仁千載夢	매일 용인은 천년 꿈이요
當今善竹萬年情	당금 선죽은 만년 정일세
聖君譽歎開化練	성군을 칭찬하여 감탄 감탄하는데 익숙하고
經世修身似磋瓊	세상 다스림이 수신과 함께 옥갈 듯 해야 하네
警戒盤銘燈下苦	반명경계 등 아래 괴로움이요
湯王蔭德裔孫榮	탕왕음덕이 후손에게 영광일세

강원도 정선군 **松浦 金 鎭 善**

先師教化道心明	선사의 교화로 도심이 밝으니
性學專修願歲成	성학을 전수하여 원세를 이룰 것이네
慨世安民傳聖訓	나라 일을 염려하고 안민하니 성순의 전함이요
赤心奉仕濫官情	진심으로 봉사하면 관청이 넘쳐나리
盡忠懿蹟猶清鑑	진충의 의적은 청감과 같으니
振刷芳名秀洗瓊	구태일소한 방명은 깨끗한 옥보다 빼어나네
人類呻吟期迅忘	전 인류가 신음하니 빨리 잊기를 바라며
傾誠保社後孫榮	정성으로 걸사하니 후손의 영화로다

충청북도 충주시 月亭 金 振 龍

盤銘自警鑑心明	스스로 경계문을 반에 새겨 마음의 밝은 거울로 삼고
萬里人香德業成	인향만리 덕업을 이룬다
聖帝維新憂國志	성제의 유신은 나라를 걱정하는 뜻이요
湯王敎訓保民情	탕왕의 교훈은 백성을 보호하는 정이로다
希望有信如繪素	믿음이 있는 곳에 희망이 흰 비단 위에 그림같고
實踐無言似敲瓊	말없이 실천함은 옥구슬을 두드리는것 같다
私慾排除公事最	사욕을 배제하고 공사를 최우선하면
太平盛大續繁榮	태평성대가 이어져 번영하리라

전라남도 장성군 晚巖 金 鎭 雄

復興儒敎道重明	유교를 다시 일으켜 道가 거듭 밝아지면
克服危機畢竟成	危機의 克服을 필경에 이루리라
扶植綱常從聖訓	綱常을 扶植하여 聖人의 교훈을 따르고
力行禮義尙賢情	禮義를 力行하여 聖賢의 뜻을 尊尙해야 한다
頹風改革因攻玉	頹風의 改革은 옥을 갈듯 지덕을 닦음에서 비롯되고
弊俗更張得報瓊	弊俗을 更張하면 구슬 같은 훌륭한 報答을 얻으리라
又日新銘須實踐	날로 더욱 새롭게 하라는 盤銘을 모름지기 실천하면
斯文隆盛致光榮	斯文은 隆盛하여 光榮에 이르리라

경상북도 경주시 **石江 金次潤**

湯銘素志執心明	반명은 평소에 생각한 그 마음을 밝히면서
攬轡澄清善政成	어지러운 정치를 바로잡아 선정으로 다스렸네
爲世施仁伸國力	세상을 위하여 인을 베풀며 국력을 신장하고
謹身守健化民情	근신하며 강건함을 지켜 백성을 감화시켰네
聖言皎潔千秋鑑	성언은 밝고 맑아 천추의 거울이고
德慧玲瓏百代瓊	덕과 지혜는 영롱하여 백대의 옥이었네
法高創新功不朽	옛것을 법을 삼아 새것을 창조함에 그 공이 불후이라
遺風振作永繁榮	선인이 남긴 기풍을 진작하여 오래도록 번영하리라

부산광역시 동래구 **青泉 金昌奎**

明德治民受命明	명덕치민하여 가르침을 받음이 명백하니
盤銘警戒紀綱成	반명은 경계하여 기강을 이루었네
王陳善政無窮道	왕이 선정을 펴니 도가 무궁하고
君布仁風不變情	임금이 인풍을 베푸니 정이 변함이 없었네
極致武功如寶玉	극치한 무공은 보옥과 같았고
純全聖業似瑤瓊	순전한 성업은 요경과 같았네
日新又日維新顧	일신 또 일신하고 유선하여 뒤돌아보니
天下昇平必有榮	천하승평하여 반드시 영화가 있었도다

경기도 부천시 **能海 金 昌 基**

湯帝洗心盤刻明	탕임금 마음가짐을 반에 새겨 밝히시니
新新日日苟新成	새롭고 새롭게 날마다 새로움을 이루고자
善鳴四海生民道	천하에 선명하심은 백성 살길 도로하고
奮怒三風革世情	삼풍폐악 분노하심은 세상 개혁하자는 듯일세
反面教師常照鑑	반면교사 삼으세 항상 거울 비추듯 하고
他山之石且磨瓊	타산지석으로 값진 옥을 갈 수 있네
若乖一事自歸責	육사중 하나라도 어긋나면 자책하시니
德及康衢煙月榮	강구에 덕이 미쳐 연월이 빛나네

제주특별자치도 제주시 **于田 金 哲 知**

湯之自強日新明	탕왕이 스스로 힘써 날로 새롭게 밝히려
刻憶銘盤峻德成	가슴에 새기고 욕반에 새겨 높은 덕을 일구었도다
教警侯公能治國	제후들을 깨닫게 해 능히 나라를 다스리게 하고
躬行聖上太平情	천자가 몸소 행한 천하평의 마음이로다
千秋後學修身鑑	천추에 후학들이 수신의 본보기요
萬古先儒進士瓊	만고에 앞선 선비들이 벼슬길에 보배로다
夫子定書三代重	공부자 서경을 접하심에 삼대를 중히 하사
東邦禮義得光榮	동쪽 나라가 예의지국이란 광영을 얻었도다

경상북도 포항시 **金 忠 道**

盤銘垂訓古今明	탕임금의 반명 수훈이 고금을 밝히니
含意昭詳大智成	함의가 소상하여 큰 지혜를 이루었도다
倫悖蒸民深責志	난륜패덕의 증민을 깊이 꾸짖는 뜻이요
綱殘叔世慨歎情	강산잔멸의 숙세를 개탄하는 정이로다
心修勉學收珠玉	마음을 닦아 면학하면 주옥을 거둘 것이요
力盡求仁集寶瓊	힘을 다하여 구인하면 보경이 모이리라
鍊石補天君子夢	힘써 공적을 쌓음이 군자의 꿈이니
日新刻念得欣榮	날로 새롭기를 마음에 새기면 흔희의 영광을 얻으리라

경상남도 양산시 **桃源 金 致 煥**

湯銘自警古今明	탕임금 반명은 자신에 대한 경구라 고금을 밝히셨고
夏滅開商偉業成	하를 멸하고 상을 개국하여 위업을 성취했네
克己澡身修聖道	극기조신으로 성인의 도를 닦았고
沐仁浴德厚人情	목인욕덕으로 인정을 두터이 했도다
日新又日新如玉	일신우일신은 옥과 같은 계명이었고
萬有唯心造似瓊	만유유심조 보배로 삼았었네
究竟蒼生安慰撫	마침내 억조창생을 위무하여 편안하게 했으니
箴言後世不虧榮	잠언은 후세에도 그 영예 이지러짐 없어라

대구광역시 수성구 研堂 金兌塾

湯王聖德特高明	탕왕의 성덕은 특별히 고명하셔서
日日新銘大業成	일일신을 그릇에 새겨 실천하시어 대업을 이루셨네
洗濯其心除汚垢	그 마음을 세탁하여 더러운 때를 제거하시고
研磨本性去私情	그 본성을 연마하셔서 사정을 없애셨네
施仁布善千秋寶	인을 베풀고 선정을 펴셨으니 천추의 보배와 같고
取義排邪萬古瓊	의를 취하시고 간사함을 물리치시니 만고의 옥과 같도다
堯舜禹終天下統	요임금, 순임금, 우임금을 쫓아서 천하를 통일하셨으니
擧民功效國家榮	온 백성이 그 공을 본받아 노력하면 국가는 번영하리라

경상북도 문경시 東川 金泰洪

湯帝盤銘正道明	탕임금이 쟁반에 글을 새겨 정도를 밝혔듯이
綱常振作美風成	강상을 진작하면 미풍이 이루어진다
恒時積善從消怨	늘 적선을 하면 원망하는 마음이 사라지고
每事施恩別有情	매사에 은혜를 베풀면 유별난 정이 생긴다
德以治人賢主鑑	덕으로써 사람을 다스림은 현명한 임금의 귀감이요
文而濟世聖王瓊	글로써 세상을 구제함은 성스런 왕의 아름다운 옥이다
家家協助相和合	집집마다 협조하고 서로 화합을 하면
四海平安永世榮	사해가 평안한 영화로운 세상이 오래 이어질 것이다

광주광역시 동구 **河星 金 弼 培**

開國銀商道復明	은상의 나라를 열어 도를 다시 밝히었고
名文盤刻日新成	소반에다 명문 새겨 일신함을 이루었네
施仁善政賢君業	인을 펴서 선정하니 현군의 업적이요
以德齊民叡聖情	덕으로서 제민하니 밝은 천자 뜻이로다
忠孝義行爲重寶	충효의 옳은 행실 귀중한 보배되고
綱常扶植勝金瓊	삼강오상 부식함이 금옥보다 더 중하네
世傳古史初聞事	세전하는 옛 역사에 처음 듣는 사실이요
後學恭承必盛榮	후학들 이어받아 반드시 번영하리라

전라남도 나주시 **江亭 金 顯 國**

明明德者是心明	밝은 덕을 밝힘은 마음을 밝힘이니
日日新之久乃成	날마다 새로워야 오래면 이루리라
謹守公廉看本性	공렴을 삼가 지키면 본성을 볼 수 있고
克除私曲忘官情	사곡을 제거하면 벼슬 욕심 잊는다네
那無山石資攻玉	타산 돌이 어찌 옥을 다스림이 없으랴
猶有木桃見報瓊	복숭아를 던지면 보배로 보답하네
莫惜當年軒冕樂	젊어서 벼슬한 락을 생각하지 말아라
古人多重老來榮	옛사람은 늙어서 영광됨을 중히 여겼네

경상남도 양산시 **松岩 김 형 대**

盤銘警戒自心明	반명에 경계함은 자신 마음 밝힘인데
日日維新大業成	매일매일 새로워져 대업을 이루었네
布德均平安國政	덕을 고루고루 펼쳐 국정이 안정되고
施仁廣濟治民情	인을 넓게 시행해서 백성 마음 다스렸네
阿衡輔弼順天命	이윤이 잘 보필함은 천명에 순응하였고
夏桀伐征鳴玉瓊	하나라 걸왕을 정벌함은 옥경이 울렸네
王道無偏周被澤	왕도는 치우침 없이 두루 혜택 입히는데
咸熙庶績總繁榮	여러 공적 다 펼치니 모두가 번영하리라

강원도 양양군 **看山 金 亨 來**

湯銘庶政日新明	탕지반명의 서정이 날마다 새롭게 밝아져
國泰民安萬事成	국태민안에 가화만사성일세
扶植綱常垂偉積	인륜의 일을 바로 세워 위적을 베풀고
宣揚禮義盡衷情	명성을 드러내 예의에 충정을 다했네
儒風遡及伸芳玉	유풍을 소급하여 방옥을 펼치고
聖訓硏修振懿瓊	성훈을 연수하여 의경을 떨치네
擧族同參經濟活	온 겨레가 동참하여 경제를 부활하고
傳承道學永繁榮	도의와 학문을 전승하여 영원히 번영하리

전라북도 전주시 **南岡 金 炯 伸**

日日新新視遠明	날이면 날마다 새로운 것을 새롭게 하여 멀리 보기를 밝게 하니
湯之懋德自玆成	탕임금의 덕을 힘씀이 이로부터 이루게 되었나 보다
洗心除惡養天性	마음을 씻어 모든 악을 제거하여 천성을 기르고
盥手去塵根聖情	손을 씻어 더러운 때를 버리고 성인의 정을 뿌리내려
接下惟恭如樹礎	아랫사람을 접하되 공손함을 생각하여 주춧돌을 처음 세운듯하고
奉先思孝若磨瓊	선조들을 받들되 효성으로 생각하여 옥돌을 가는 듯하여
憸邪不惑盤銘考	간사함에 현혹되지 않고 반명을 점고하여
受命賡歌衆庶榮	천명을 받아 군신간에 노래하며 뭇 백성들을 영화롭게 하리라

광주광역시 북구 **山浦 金 亨 連**

衰頹傳統建那明	쇠퇴한 전통 어떻게 밝혀 세울까
願我彛倫更得成	우리의 인륜이 다시 얻어 이루기를 원하네
謹守綱常回美俗	강상을 삼가 지켜 미속이 돌아오니
能行禮樂篤衷情	예악을 능히 행해 참된 정이 도타워지네
事親敬長千秋鑑	사친경장은 천추에 본보기요
愛族施隣萬古瓊	애족과 이웃에게 베품은 만고의 보배로다
敎化民生由叙茂	민생의 교화로 말미암아 힘써 펼치고
太平前道以爲榮	생각건대 태평한 앞길이 번영하리라

경상남도 창녕군 **養軒 金 浩 鎰**

昔湯盤銘警自明	옛 탕임금은 盤에 새겨 일깨워 스스로 밝게 하셨으니
至今人誦一箴成	지금까지 사람들이 외워 훈잠을 이뤘도다
日新不斷更張道	날로 새롭게 함을 不斷하게 함은 更張하는 道요
舊態依然退步情	구태에 의연함은 퇴보하는 정일세
峻德修行如悅鏡	높은 덕을 수행함은 거울 닦는 것과 같고
塵心洗濯似磨瓊	티끌 마음 세탁함은 옥을 가는 것과 같도다
吾儒變裏承傳統	우리 유도가 변화 속에 전통을 이어간다면
化及京鄕國泰榮	덕화가 京鄕에 미쳐 나라가 태평하고 번영하리

경상북도 영주시 **一宇 金 浩 喆**

湯主盤銘再照明	탕임금의 반명을 재조명하여
萬民龜鑑日新成	온 백성의 귀감으로 날로 새로움 이루자
隋時布德淳人性	수시로 덕을 펴서 인성을 순하게 하고
到處施仁潔世情	도처에 인을 베풀어 세상을 맑게 하자
不息洗心如霽月	쉼없이 마음을 씻으면 갠 하늘의 달빛같고
無窮修己似磨瓊	끝없이 몸을 닦기를 옥을 갈듯하자
若令社會從斯訣	만약에 사회가 이 비결을 따른다면
天下昇平必有榮	온 천하가 태평하여 반드시 영화가 있으리라

서울특별시 마포구 **水峴 金 弘 煥**

湯帝之銘誠廣明	탕왕의 새김 글은 誠意를 널리 밝히는 것이니
益新日日德新成	나날이 더해 새롭다면 明德을 새롭게 이루리라
修身實踐民安策	수신을 실천함은 백성이 편안할 방책이요
治國經營世濟情	치국을 경영함은 세상을 구제할 뜻이라네
懿訓能傳如錦繡	아름다운 교훈을 능히 전하니 수놓은 비단 같았고
高文不朽是琳瓊	고귀한 문장이 길이 없어지지 않아 예쁜 옥이라네
心神洗沐收功用	마음과 정신을 감고 씻으면 애쓴 보람을 얻을지니
聖歲賢君永享榮	태평성세에 어진 임금으로 영원히 번영을 누리리라

경상북도 영주시 **碧松 羅 鍾 泰**

湯王在位政朝明	탕왕 재위시에 정사의 조정이 밝았다
國泰民安喜世成	국태민안에 즐거운 세상 이루다
惡斥年年賢子貌	악을 물리치는 년년에는 어진 자의 모습이요
善從日日樂人情	착함을 행하는 나날 사람들 정 즐겁다
讚揚墨客聽如響	찬양하는 묵객은 소리가 들리는 것같다
稱頌儒林看似瓊	칭송하는 유림들 구슬 보는 것같다
偉大盤銘誰不仰	위대반명을 누가 우러름을 않으리요
後生龜鑑永光榮	후생에 귀감되어 길이 광명 누리다

전라남도 나주시 **鳳軒 羅準植**

氣稟時昏本體明	기품은 어둡되 본체는 밝으니
去其舊染復初成	옛 습관 제거하면 본성을 회복하리
斬除污意高標格	더러운 뜻 베어내면 품격이 높아지고
洗滌非心養性情	그른 마음 씻어내면 성정을 기르리라
利己吾慙荊嶽璞	나만 이롭게 한 나는 형산에 옥돌임이 부끄럽고
惠人君羨崑岡瓊	남을 이롭게 한 그대는 곤산에 보배임이 부럽다네
日新又日新之篤	일신하고 또 일신함을 독실히 하면
天爵自來豈不榮	천작이 스스로 오리니 어찌 영광 아니랴

광주광역시 서구 **世裙 羅昌洙**

湯王養德有高明	탕왕의 덕을 기름이 고명함이었으니
日日尤新潤益成	날마다 새롭고 더욱 새로워서 윤택을 더했더라
疎忽何應難盡意	살펴서 소홀함으로 뜻을 다하기 어렵더라
精誠威振欲移情	정성적 위엄을 떨쳐 정을 달리하고자 했더라
邦家教義千江練	나라에 의를 가르쳐 천강을 단련하고
百姓治仁萬樹瓊	백성을 인으로 다스려 온갖 나무를 아름답게 했네
賢主盤銘心叙捲	어진 임금이 행적을 새겨 마음을 거두었으니
綱常扶植後孫榮	강상을 일으켜 세워서 후손들이 영화로우리라

경상북도 문경시 **又玄 南 基 成**

古代殷周禮道明	옛 은나라 주나라는 예와 도덕이 밝아
湯盤銘刻教忠成	탕지반에 글을 새겨 충의를 가르쳤네
修身德化殫心力	수신덕화하는데 심력을 다 기울이고
治世經綸盡愛情	세상을 다스리는 방책에 애정을 다했네
沐浴器文眞哲理	목욕기의 글은 참된 진리이고
日新玉屑秀章瓊	일신우일신 옥설은 빼어난 옥 같은 문장일세
堯風舜雨施天下	요풍순우한 인덕을 천하에 펴니
國泰民安萬世榮	국태민안해서 만세토록 번영할 것 일세

부산시 금정구 **晚翠 南 基 松**

創業殷湯心法明	창업한 탕왕은 심법을 밝히시어
盤銘自省聖君成	반명으로 자성하여 성군이 되셨다
晝宵切磋抹私慾	밤낮으로 깎고 닦아 사욕을 없애고
朝夕琢磨培本情	조석으로 쪼고 갈아 참마음을 길렀다
安住帝辛如朽土	안주한 주왕은 썩은 흙과 같았고
改過太甲似彬瓊	개과한 태갑은 빛나는 옥과 같구나
日新月盛修身起	일신월성으로 수신이 일어나면
必是吾韓萬世榮	나라는 반드시 만세에 영화로울 것이다

경상남도 창녕시 **宜齋 南 基 完**

箴言盤刻日新明	일일심 잠언을 대야에 새겨두고서
每看湯王肇國成	매양 본 탕왕은 나라 열었네
立政施仁傾篤志	정사함에 인을 베풀어야하며
率官守義盡衷情	신하는 의로써 통솔해야하네
存心養性磋磨玉	존심양성은 옥을 가는 것과 같고
克己修身切琢瓊	극기수신은 옥을 다듬는 것과 같음이라
治者爲民隨此訓	치자는 백성 위해 이 계훈을 따른다면
太平聖代益光榮	태평성대에 영광을 더하리로다

경상북도 포항시 **林山 南 相 修**

湯王政治現賢明	탕왕정치 현명함 나타나니
布德施仁仰慕成	덕을 펴고 인을 베푸시니 앙모함 이루도다
萬古無窮人性義	만고 무궁 인성 옳음이니
千秋不變國家情	천추 불변 국가 뜻이도다
太平世月伸張日	태평세월 넓혀가는 날이니
盈溢乾坤躍進瓊	차서 넘쳐 건곤약진 옥이도다
物欲安排中教化	물욕안배 교화 중이니
恒常盡力赫華榮	항상 역진화영 빛나도다

경상남도 창원시 **牛山 南相珦**

大學傳章再照明	대학에 전하는 장구를 재조명함에
湯之盤刻日新成	탕임금의 반에 새긴 우일신이 이루어졌고
修身可踐齊家本	수신을 가이 실천함은 제가의 근본이요
道德能行治國情	도덕을 능히 행함에 나라를 다스리는 정이요
至善追求清似鏡	지선을 추구함이 맑기가 거울같고
正心體得貴如瓊	정심을 체득함은 구슬같이 귀하네
不朽名箴誰不仰	언제나 없어지지 않고 명잠 누구가 우러러보지 않겠나
古典流芳萬世榮	고전에 전하는 향기 만세토록 번영하리라

경상남도 창원시 **竹破 盧承必**

湯之沐浴盟銘明	탕왕 목욕그릇 대야에 새겨 밝힌
修德尤新日日成	더욱 더 덕을 닦고 날마다 날마다 새롭게 이루고
私慾排除臨世事	사욕배제 세상 일에 임하고
公心實踐輔邦情	공평한 마음으로 실천하면 나라를 돕는 뜻이요
名文訓戒夏朝鑑	명문훈계 하나라의 거울을 삼았고
著述淵源殷代瓊	전술연원은 나라에 빛나네
以字承承無限續	이 글자 이어 이어 무한히 이으면
應當家國益繁榮	반드시 가정과 나라에 번영이 더할 것이다

경상북도 김천시 **碧溪 都 基 暾**

盤銘苟日新湯明	대야에 경계 새겨 진실로 새롭게 탕왕조
殷甲骨文繁業成	은나라 갑골문 번영과 업적 이루었다
易姓革命自殷王	역성혁명으로 왕조를 일으켜 스스로 왕이 되건만
暴桀三千女淫情	폭군 걸왕은 삼천여와 향락에 빠져 음탕하기만 했네
國傾民怨聲不絶	나라는 기울고 백성들 원성은 끊이지 않는데
寶象裝殿寢臺瓊	보석으로 장식한 궁전침대는 진귀한 붉은 옥으로 지었다
偉大聖君湯出現	위대한 성군 탕왕이 나타나서
義王恩德百姓榮	의로운 임금 은덕으로 백성들은 태평영화를 누리더라

경기도 포천시 **潤松 柳 金 烈**

湯王治國日新明	탕왕의 치국이 나날이 신명하니
億萬蒼生大夢成	억만창생의 큰 꿈 이루다
舜德施心和世事	순덕을 마음으로 베푸니 세사가 화평하고
堯仁布政厚人情	요인으로 선정 펼치니 인정이 후덕하다
春秋海晏家庭錦	춘추로 하청해안하니 가정은 비단이요
朝夕風調社稷瓊	조석으로 우순풍조하니 사직은 옥일세
難境只今能克服	지금의 난경을 능히 극복한다면
康衢煙月享繁榮	강구연월에서 번영을 누리리

서울특별시 광진구 **智巖 柳 東 烈**

湯之盤器誓文明	탕왕이 반기에 다짐하는 글 밝힘은
日日新銘偉業成	날로날로 새롭게 함을 새겨서 위업을 이루셨네
推進美風治國紀	미풍을 추진하여 국기를 다스리고
展開善政察民情	선정을 전개하여 민정을 살피셨네
宣揚好事爲龜鑑	좋은 일은 선양하니 귀감이 되고
解決難題若寶瓊	난제는 해결하니 보경과 같구나
朝野傾心能實踐	조야가 마음을 기울여서 능히 실천한다면
三千槿域益繁榮	삼천리 우리나라 더욱 더 번영하리라

광주광역시 광산구 **春溪 柳 晏 重**

殷之善政日如明	은나라의 선한 정치 태양처럼 밝으니
湯帝盤銘偉業成	탕임금께서 대야에 각하시어 위업을 달성하셨도다
革故經綸修己意	옛을 고친 경륜은 몸을 닦은 자세요
刷新制度牧民情	면목을 새롭게 하는 제도는 백성 다스린 정이네
羹牆色潔氷開鑑	탕임금 경모 하는 빛 깨끗하여 얼음 같은 거울이요
追慕聲清雪碎瓊	추모하는 소리 맑아 눈을 깨트린 구슬이로다
若子愛民垂懿績	자식처럼 백성 사랑하여 아름다운 업적 이루었고
繼承堯舜是光榮	요순을 계승하셨으니 이것이 광영이로다

경상남도 산청군 **松庵 柳 洋宇**

湯帝盤銘日月明	탕임금 반명은 일월같이 밝아서
民安國泰樂園成	나라태평 백성편안 낙원을 이루었네
自天受命登王位	하늘로부터 명을 받아 왕위에 올랐고
治地無私察世情	땅을 다스림에 사가 없이 세정을 살폈다
夏傑生存馭腐主	살아있는 썩은 임금 하나라 걸왕을 몰아내고
新商建立夯基瓊	새 상나라 건립에 아름다운 기틀 다졌다
遺芳君道赫靑史	유방한 군도는 청사에 빛나고
偉績煌煌萬古榮	황황한 위적은 만고에 영광이네

대전광역시 대덕구 **文山 柳 種烈**

湯帝恭虔聖性明	탕임금도 공건하게 거룩한 성품 밝히려고
盤銘朝夕泰平成	반명을 조석으로 하여 태평성대 이루셨네
閒邪濟世千秋業	한사하여 세상을 구제함은 천추의 사업이요
顯正安民萬古情	현정하여 백성을 편안케 함은 만고의 정이라
月益厥誠如淨鑑	다달이 그 정성을 더하면 거울을 맑게 하는 것같고
日新其德似磨瓊	나날이 그 덕을 새롭게 하면 옥을 가는 것같네
隨時變易而從道	때에 따라 변하고 바뀌되 능히 바른 도를 따라서
至善吾邦祝共榮	지선의 우리나라로 같이 번영하길 바라네

경상북도 안동시 **浩廣 柳 亨 薰**

盤銘湯誡照心明	반명 탕계가 마음을 밝게 비추어
國泰民安盛代成	국태민안의 성대를 이뤘네
顯正施仁千古鑑	현정시인은 천고의 거울이요
破邪布德萬秋情	파사포덕은 만추의 뜻이네
日新絶句龍懷寶	일신 절구는 용이 품은 보배요
時習名文鳳抱瓊	시습명문은 봉황이 품은 구슬이네
善政修身垂懿績	선정수신으로 의적을 드리우고
聖君敎化益繁榮	성군의 교화로 더욱 번영했네

전라남도 영암군 **云絲 柳 和 善**

吾東國威更新明	우리나라 국위가 다시 새롭게 밝으니
文物伸張日益成	문화와 산물의 신장이 나날이 성장하도다
忍辱雅欽英傑衆	욕을 참고 청아를 공경하는 영걸이 많고
崇儒尙禮偉垂情	사유와 예의 숭상이 크게 드리운 정이네
繁昌八邑如錦繡	팔도가 번창하여 비단 수 같은데
禍亂三春未鼓瓊	봄 석 달 재변으로 옥 굴리는 소리 없었네
道義宣揚千歲續	도의를 선양하여 긴 세월 이어가고
先賢遺業不忘榮	선현께서 끼친 사업 번영을 잊지 말세

경상남도 함양군 **白岩 馬長鉉**

湯之盤愛字銘明	탕왕의 목욕통에 아끼는 글자 명명한데
沐浴基底勝蹟成	목욕통 기저에 좋은 자취 이루었네
日日新新新又日	나날이 새롭고 새로움이 또 날마다 다 새롭게 하고
宵宵古古史思情	밤마다 옛날 옛적 역사 그립구나
銀邦築造萬年址	은나라 축조는 만년의 터요
心覺設營千世瓊	마음을 깨닫는 설영은 천세의 옥이로구나
往事悠悠無覓處	지난 일 아득하여 찾을 곳도 없지만
傳來大學益文榮	전해오는 대학 책 더욱 문자가 빛나네

충청남도 아산시 **白巖 孟馥在**

湯使盤銘再照明	탕왕반명이 재조명됨은
文章短小所期成	짧은 문장이지만 바라는 바 이루게함이네
詞林學到誰無仰	사림으로 배움에 이르니 누가 숭앙치 않을까
藝苑詩壇後裔情	예원과 시단의 후손들의 뜻이로다
往跡擴張罔錦繡	왕적확장은 비단에 수 놓은 듯한데
遺篇輝暎茂琳瓊	남기신 글이 빛나서 무림의 구슬이로다
流光荏苒珍書岠	세월은 덧없이 흘러도 큰 산같은 보배의 글
畏日功生死亦榮	여름날같던 보람된 삶 역시 사후에도 영예롭네

충청북도 보은군 **敬庵 睦 弘均**

盤銘自警日新明	반명자경하며 나날이 새롭고자 하므로
洗濯其心去惡成	그 마음을 세탁하여 악함을 버리셨도다
追慕先賢欽舜智	선현을 추모하며 순임금님의 지혜를 흠모하시고
每思仁政察民情	어진 정치를 생각하며 민정을 살피셨네
覺醒反省成長劑	반명이란 각성반성하게 하는 성장제요
修己治人促進瓊	반명이란 수기치인의 촉진옥이로세
天下經營明德始	천하경영도 명명덕으로 시작되는 바
湯之功效萬邦榮	탕임금님의 공효가 만방에 꽃피우는 도다

서울특별시 강동구 **盤石 文 炅在**

盤銘自警願分明	탕왕의 반명은 자경하기를 바람이 분명하니
先覺提撕政道成	먼저 깨달아 떨쳐 일으켜 정치의 도 이룰 수 있음이라
品性研磨溫厚氣	품성을 갈고 닦아 기질을 온후하게 하고
素心謹愼撫安情	평소의 마음 근신하여 감정을 편안히 한다오
修仁尙禮如昭寶	인을 닦고 예를 숭상하면 보석과 같이 빛나고
改過遷臧似潤瓊	개과하여 천선하면 옥이 윤 나는 것같다오
日日作新無斷絶	날마다 새롭게 하며 잠시도 끊이지 않으면
垢汚除去必繁榮	더러운 때 제거하여 반드시 번영하게 되리라

서울특별시 강남구 **念松 文 炳 鉉**

湯主盤銘再照明	탕왕의 반명을 재조명해보니
箴言自我每醒成	자아를 경계하는 말로 항상 깨우침을 하였네
洗心棄惡思民意	마음을 씻고 악함을 버리며 민의를 생각했고
濯垢收良省世情	더러움을 씻고 좋은 것을 취하며 세정을 살폈네
過去訛悛明似瓊	과거의 잘못을 고침은 거울처럼 밝게 하고
未來豫備炳如瓊	미래를 미리 대비함은 옥처럼 빛나야하네
變新日日移行勉	날마다 새롭게 변하려고 힘써 이행하여
發展圖謀必有榮	발전을 도모하면 반드시 영화를 누리리라

광주광역시 동구 **松下 文 承 烈**

日日新修世道明	일일신 닦아가면 세상의 도가 밝아지니
人人實踐太平成	사람마다 실천하면 태평함을 이루리라
前踪燦燦傾心力	앞 자취 빛나고 빛남은 심력을 기울였고
古語彬彬盡性情	옛말이 빈빈한 것은 정성을 다했음이며
可見無私如晷月	가견컨데 사가 없음은 달의 밝음과 같고
能知有正似光瓊	능지컨데 정의 있음은 구슬 빛남 같으며
傳承遺訓千秋鑑	유훈을 전승함은 천추 동안의 거울이니
固守名言萬歲榮	명언을 굳게 지키면 만세에 영화로우리

전라북도 전주시 **藝園 文 容 子**

聖君正義最華明	성군이 정의로워서 가장 빛나고 밝으니
湯帝盤銘禮樂成	탕임금의 반명이 예와 악을 이루었도다
道者德行憂國本	도자의 덕행은 나라를 걱정하는 근본이고
賢人智惠愛民情	현인의 지혜는 백성을 사랑하네
儒林敎育硏修寶	선비들을 가르쳐서 연수하니 보배롭고
學士文章萬樹瓊	학사들의 문장은 만수에 구슬이로구나
又日日新古爵貴	또 날로날로 새로우니 높은 벼슬은 귀하고
瑞祥天下永和榮	상서로운 천하는 영원히 화평하고 영화롭네

대구광역시 중구 **苑美 閔 敬 仙**

善政湯王萬古明	탕왕의 선정이 만고토록 밝았는데
盤銘警戒泰平成	경계하는 말 쟁반에 새겨 태평을 이루셨네
常時布德新民志	항시 덕을 펴서 신민한 뜻이었고
每事施仁理國情	매사에 인을 베풀어 나라 다스린 정이었네
字字深思如效鑑	자자마다 깊이 생각하며 거울같이 본받았고
章章熟考若磨瓊	장장마다 곰곰이 생각하고 옥과 같이 연마했네
修身本立殫誠苟	수신하고 근본 세워 진실로 정성을 다하니
天下因斯必是榮	천하는 이로 인하여 반드시 영화롭도다

강원도 삼척시 **夏岩 閔 珽 基**

救國丹心萬古明	구국단심을 만고에 밝히어
驚天動地偉功成	하늘이 놀래며 땅이 움직여 공적을 성사한다
史書改撰憂邦事	역사의 서정 개선함이 우방사의 의리며
實學傳承輔世情	실함을 전승함이 세상의 보배로다
日月似昇秦弄玉	일월같이 승소 진나라 옥같이 희롱
素霙疑降許飛瓊	흐린날 즐기다가 사물날아같이랴
黌堂授業紅顔樂	학교 수업 젊으서 젊으며 좋으며
木覓題詩白髮榮	제시는 나이 많으혀 幸福 하로다

전라남도 영암군 **靑松 朴 金 鍾**

夏國當年正不明	하국당년에 정의가 밝지 않으니
殷王誕生降泰成	은왕이 탄강하여 태평을 이루었네
愛鄕厚德時洪志	애향에 후덕하여 때로 뜻이 크고
治世淸廉日有情	치세에 청렴하여 날로 정이 있네
處處能通添綠玉	곳곳마다 능통하니 옥록을 더하고
家家活潑致紅瓊	집집마다 활발하여 홍경을 이루었구나
謳歌振動傳文化	구가가 진동하니 문화를 전해주고
疆土繁昌摠是榮	강토가 번창하여 다 번영하네

광주광역시 북구 **誠齊 朴東申**

庶政維新大義明	모든 정치 유신해야 대의가 밝혀지니
湯銘奏效自天成	탕의 반명 주효하여 하늘이 이루리라
民安國泰殫精力	민안국태에 정력을 다하면서
孝悌忠誠養性情	효제충성에 성정을 길러주며
終日賢臣窺寶鑑	종일토록 현신은 보감을 들여다보고
永年聖主佩瑤瓊	오랜 세월 성주는 요경을 허리에 차며
不虞對備當然事	뜻밖의 일 대비함은 당연한 일이니
五典弘敷萬世榮	오전을 널리 펴서 만세에 번영하리

경상북도 경산시 **蘇原 朴東旭**

湯王聖德太陽明	탕왕의 성덕이 태양과 같이 밝아서
治國安民濟世成	치국안민과 제세를 이루었느니라
勸獎孝忠施善政	권충장효함으로 선정을 베풀고
遵行禮義布恩情	예의를 준행하여 은정을 폈도다
窮研道學高才器	도학을 연구함으로서 재량이 높아지고
實踐彝倫最寶瓊	이륜을 실천하는 것이 가장 보배로다
敎化日新垂偉業	날로 새롭게 교화하여 위업을 남기고
盤銘箴訓覺爲榮	반명잠훈을 깨달아 알고 영광을 삼으리라

경상북도 군위군 **景山 朴世準**

人知啓拓範倫明	인지가 열리고 윤리규범이 밝아질 때
太乙綱常實踐成	태을(탕왕)이 강상을 실천하고 이루었다
雲化雨施符四海	구름을 부려 비를 내림은 사해에 부합하고
虐除殘去合民情	학정을 없애고 잔악함을 내쫓음은 백성의 뜻과 같도다
修身戒日新行德	나날이 새롭게 덕치를 행함은 스스로를 경계하고 닦음이요
表聖君伊告聽瓊	이윤의 충고를 옥과 같이 들음은 성군의 표상이로다
皆振作斯文嚮導	우리 모두가 사문을 진작시키고 향도하여
大同公建享繁榮	대동사회를 건설하여 함께 번영을 향유하자

대구광역시 동구 **董栽 朴秀雄**

殷帝湯王再照明	은 임금 탕왕이 재조명됨은
盤銘字句日新成	반에 새긴 자구가 나날이 새것을 이룸이네
立心勿斷殫精力	입심에는 중단 없이 정력을 다하고
所志當爲養性情	소지가 당위면 그 성정을 길러야하네
懷抱躬行亨自玉	회포를 몸소 행하면 자기는 옥같이 형통하고
智謀治國享民瓊	지모로 치국하면 백성은 옥 같은 생활 누릴것이네
諸長範本安人道	제장들의 모범은 안인의 길이 되고
題意胸藏可被榮	제의를 가슴에 품고 영광입음이 옳도다

경상북도 포항시 **惠江 朴淑伊**

洗身去惡日新明	몸을 씻고 나쁜 것을 제거하면 새로운 밝은 날이 되고
湯王盤銘鎭道成	湯王처럼 욕조에 새기면 道를 이루는 데 나아가며
格物致知望聖教	사물에 이르러 앎을 이루어 성현의 가르침을 바라고
正心誠意慕賢情	마음을 바로 하고 뜻을 정성껏 하여 성현의 뜻을 사모하네
修文究學如磋玉	글을 닦고 학문을 연구하는 것은 옥을 다듬는 것같이 하고
積德施仁似琢瓊	德을 쌓고 仁을 베푸는 것은 玉을 쪼는 것같이 하고
至善留民斯福祉	지극히 선한 곳에 백성을 머물게 하는 것 이것이 福祉요
保存天下必光榮	보호하고 존재하면 천하에 반듯이 광영이 있으리라

경상북도 영천시 **昭堂 朴順珠**

湯王王道與星明	탕임금의 왕도 별처럼 밝으니
實踐盤銘大業成	반명을 실천하여 대업을 이루었네
不忘洗身修德意	세신을 잊지 않는 것은 덕을 닦는 것이요
必行滌垢養心情	반드시 때를 씻으려함은 마음을 기르려는 뜻이다
三新自警言言寶	세 번 새롭게 자경을 보게 하여 말마다 보배롭고
九字深盟節節瓊	아홉 글자 깊은 맹세 마디마디 구슬이라
可使今朝能鑑戒	가령 지금 조정으로 하여금 능히 거울삼게 한다면
吾東萬世享華榮	우리나라 만세토록 영화를 누리다

경상북도 청도군 **奉亭 朴淳進**

湯王聖德古今明	탕왕의 성덕은 고금으로 밝고
治水良謨偉績成	물길을 잘 다스려 재해를 막았도다
扶植綱常垂訓跡	삼강오상을 잘 지키고 가르쳤으며
宣揚禮義盡衷情	예의를 바르게 선양하는 데 정을 다하였다
水光皎潔千江練	수광교결함은 많은 강을 단년함이요
雪色玲瓏萬樹瓊	설색연롱은 만수에 구슬매개함이다
勤業十年燈下苦	모든 일을 부지런히 하면
揚名他日馬頭榮	후일에 영광이 올 것이다

강원도 강릉시 **隱海 朴永和**

湯王自警日新明	탕임금 자신을 경계하며 날마다 새롭고 밝게 하시며
去惡盤銘世教成	악을 버리려고 그릇에 글자 새겨 세상 가르침 이루시다
正意修身污染慎	바른 뜻으로 몸조심하며 오염될까 삼가며
誠齊峻德潔端情	정성들여 높은 덕으로 다스리니 깨끗하고 단정한 정이로다
親民至善貞仁寶	백성과 친근하며 착하니 올 곧고 어짐이 보배요
治國平天道義瓊	나라를 잘 다스리고 천하를 평화롭게 하는데 도의가 구슬이라
事理當眞人性貴	사리가 당연하고 참되니 인성이 존귀하고
安慮格物致知榮	편안히 생각하며 물질 대하는 것 알게 되어 빛나도다

경상북도 예천군 **朴 元 哉**

湯王自警苟心明	탕왕이 스스로 경계하여 구심명하여
懇願盤銘暢達成	반명을 간원하여 창달을 이루었네
珠扇掩時疑舊面	주선에 가리울 때는 의구면이요
畫屛深處覺新情	화병심처에는 각신정이로구나
百行可讚氷開鑑	백행을 가찬하니 빙계감이요
一善宜嘆雪碎瓊	일선에 마땅히 감탄하니 설쇄경이로구나
振作儒風先導裏	유풍을 진작하여 선도하는 가운데
傳承懿績永年榮	의적을 전승하여 영년토록 영화롭네

경기도 용인시 **韻園 朴 仁 善**

湯之道猶路鮮明	탕왕은 도는 길이라고 가르치고
日日新銘大業成	일일신으로 대업을 성취하고
改革仁風明聖世	어진 인풍으로 개혁하여 더 높은 평판을 받고
昇平善政省民情	승평선정하여 민심을 살피고
恒時布德如磨琢	덕을 폄을 옥을 가는 것같이 하고
每事施恩若貫瓊	은혜를 펼치시고 매사를 잘 다스리고
舜禹夫相承聖聖	요순우공자는 이어서 다스렸다
大韓槿域永繁榮	대한에 도와 덕이 유동하고 충만함이 영 번영하리라

경상북도 영주시 **松徑 朴 壬 羲**

商湯聖德古今明	상나라 탕왕의 성덕 고금에 밝았으니
警句盤銘自省成	경구를 대야에 새겨 자성의 기회를 가져서이다
去惡濯心修己志	악함을 버리고 탁심함은 수기의 뜻이 있어서이고
施仁治國愛民情	인을 베풀어 치국함은 애민의 정이 깊어서이다
規程改善如鳴鼓	규정을 개선하니 경종의 북소리 울리는 것 같고
制度量宜似綴瓊	제도를 헤아려 좋게 하니 예쁜 구슬을 엮어 놓은 것 같네
逐出暴君開泰世	폭군(걸왕) 축출하여 태평세상을 열었으니
日新百姓願繁榮	일신하는 모든 백성 번성하고 영화롭길 기원한다

경상북도 예천군 **眞汝 朴 哉 謙**

湯帝盤銘再闡明	탕임금의 반명을 다시 천명하니
聖心反映更新成	성심이 반영되어 다시 새로움을 이루네
破邪濟世千秋赫	파사제세하니 천세에 빛나고
顯正崇文萬古瓊	형정하는 숭문은 만고의 정이로구나
隔歲來賢鼓舞鑑	격세의 래현은 고무하는 거울이고
每朝去垢琴書瓊	매조거구하니 금서의 구슬이로구나
傳承懿積煌煌裏	의적을 전승하여 빛나는 가운데
固守儒風必有榮	유풍을 고수하니 반드시 영화가 있으리라

경상남도 밀양시 **靑谷 朴 正 永**

湯王器刻飾鈫明	왕이 씻는 그릇에 문채를 새긴 무늬가 밝고
盤浴銘鑑盛況成	반욕을 새겨 비추니 성대하게 이루었네
殷樹講論培衆志	은수강론하니 많은 무리의 뜻을 도왔고
夏驣教誨化黎情	하휴교회가 여민을 교화한 정일세
又新懿蹟千年鏡	우신의적은 천년이나 거울같고
日日遺風萬歲瓊	일일유풍은 만세에 아름답네
産業尖端尤努力	첨단산업에 더욱 노력하여
無窮發展善淸榮	무궁히 발전하여 착하게 무사히 번영하리

경상남도 거창군 **朴 丁 濟**

湯王建國日新明	탕왕께서 건국하며 일신이 밝아지고
協力忠臣懿跡成	충신들의 협력으로 의적을 이루고
德業修身崇禮義	덕업으로 수신하니 예의를 숭상하고
經綸處世盡眞情	경륜으로 처세하니 진정을 다하네
文章道通殷商繼	문장으로 도통하니 은나라 상나라로 이어지고
理學闡揚洙泗瓊	성리학을 천양하니 수사가 빛이 나네
政治隆昌期萬事	정치가 융창하니 만사를 기약하네
盤銘獎勵益光榮	반영을 장려하니 더욱 광영하리라

경상북도 영천시 **月翁 朴鍾慶**

九字奎章殷代明	아홉 자 임금이 쓴 글씨가 은대를 밝히니
湯王治世泰平成	탕왕의 치세는 크게 편안함을 이루었네
朝朝起枕惟民意	아침마다 기침하여 백성을 뜻을 생각하고
日日修身眷國情	날마다 수신하여 나라의 사정을 돌보았네
盟刻嘉言千歲鑑	대야에 새긴 가언은 천년세월의 거울이요
盤銘警句萬年瓊	반명의 경구는 오랜 세월의 보배로다
經書不遠恒親近	경서는 멀지 않고 늘 친근한 것이니
若習躬行必有榮	만약 익혀 궁행하면 반드시 영광 있으리라

부산광역시 사하구 **松軒 朴鍾瀡**

湯盤銘苟日新明	탕왕은 반명의 진실을 날로 새롭게 밝히고
國泰民安萬事成	국태민안의 만사를 이루어내셨네
官吏參加施廣德	관에서는 많은 덕 베풀고
士林會合著高情	사람이 회합하니 좋은 뜻 나타내네
舜堯守義酬杯玉	요순은 의를 지키시니 옥 구슬잔 술맛 같고
孔孟崇文詠句瓊	공맹의 숭고한 문장 시로 읊으니 옥 소리 같구나
善政治仁群衆樂	정치를 인선으로 다스리니 군중은 즐겁고
世人好感願繁榮	세인의 호감은 소원대로 번영하리

경상북도 구미시 **德泉 朴昌根**

湯銘自警反芻明	탕지반명 스스로 경계함 밝게 반추해보고
爲本修身萬事成	근본을 다스려 수신하면 만사가 이루어지네
治者能承傾志力	치자는 능히 이어감에 뜻과 힘을 기울이고
黎民可效盡心情	여민들은 옳게 본받음에 정성과 마음을 다하세
行須篤敬如瑤鑑	행동은 모름지기 경을 도탑게 하여 아름다운 거울 같이하고
言必忱忠似寶瓊	말은 반드시 참마음과 정성으로 보배구슬 닮아야하네
覺醒精神聰慧裡	정신을 각성해 슬기롭고 총명함 속에
雄謀實踐振繁榮	웅모를 실천하면 번영을 떨치리라

전라남도 보성군 **朴忠一**

湯盤銘確日新明	탕지반명에 확실히 일신이 밝으며
洗欲恒時快感成	몸을 깨끗이 하면 항시 쾌감이 이루어지네
人心修身知至善	사람은 반드시 수신하면 지성을 알게 되고
士須講習學行情	선비는 모름지기 강습하면 학행의 정이 감도네
巍巍道德千秋燦	외외한 도덕은 천추에 찬란하게 빛나고
赫赫綱常萬載瓊	혁혁한 강상은 만년 내내 아름다운 옥이려니
遺俗勤行吟詠振	유속을 근행함은 음령의 진작이니
泮官勝事雅儒榮	성균관의 승사는 선비의 영화로다

서울특별시 마포구 **光元 朴赫善**

湯帝盤銘再照明	탕임금의 반명을 다시 조명하니
運身警戒指標成	운신의 경계로 지표를 이룬다
人人必孝先賢訓	사람마다 본받아야 할 선현의 가르침이요
日日常思古聖情	매일 생각해야할 옛 성인의 뜻이라
經世準繩千兩寶	경세의 준승으로 천 냥의 보석 같고
治民規矩萬金瓊	치민의 규구로 만금의 옥이라 하겠다
自醒政客遵行際	정객들이 스스로 깨우쳐 따라 행하면
半億同胞共享榮	오천만 동포가 함께 영화를 누리리

광주광역시 남구 **朴炯駿**

湯非本是自誠明	탕임금은 본래부터 성인이 아니었는데
伊尹前提聖道成	이윤이 앞에서 이끌어 성인이 되어
萬國思之從水志	만국이 사모하길 물 흐르는 것 같았고
烝民好是愛人情	모든 백성들이 인정을 사랑했네
箴言法舜期新德	잠언과 요순을 본받아 새로워지려 했고
日省修身終玉瓊	날로 살피고 몸을 닦아 끝내 귀하게 되어
孟語與天同使易	맹자는 인심이 천심이라 했고
曾傳採錄至今榮	대학에 채록되어 지금까지 전한다네

전라남도 무안군 **後惺 裵 錫 五**

湯之遺像日如明	탕임금이 남기신 유물은 해같이 밝고
伊尹輔佐商建成	이윤 재상의 보좌로 상나라를 이루어
日新三思盤銘獨	일신우일신의 반명은 독특하도다
治國恒常王帝情	치국은 항상 제와의 뜻으로
聖訓効黎垂史赫	성스러운 가르침은 백성들에게 그리워지는 붉은 사적이요
傳來名物保全瓊	전래되는 명물은 길이 보전할 구슬이러라
今世政經歡彈改	오늘날 정치경제의 잘못을 고침을 환영하며
後代承承仰譽榮	뒷사람들이 이어 이어 영예로움을 울얼리라

광주광역시 동구 **廣齋 裵 仁 泰**

形役身心豈得明	고달픈 노동에 심신이 어떻게 밝음을 얻을까
惟從聖訓易完成	오직 성인의 가르침을 따라야 쉽게 완성되네
日新又日新之意	날로 새롭고 또 나날로 새로우라는 뜻이고
時習尤時習的情	때로 익히고 더욱 때때로 익히라는 마음이네
教化四夷恩似旻	네 오랑캐를 교화하여 은혜가 하늘 같고
率先多士範女瓊	여러 선비에 솔선하여 모범이 보배같네
每番反省恒銘刻	매번 반성하고 항상 명심하여
道義傳承第一榮	도의를 전승함이 첫 번째 영광이네

경상북도 영주시 **海島 裵重熙**

湯王敎訓古今明	탕왕의 교훈은 고금으로 밝으며
去垢盤銘善政成	반에 목욕하니 때가 가고 선정을 이루니 이름이 돌에 새기고
世事修身宣義德	세상일에 몸을 씻고 이 덕을 베풀어서
齊家治國穩民情	제가치국에 백성의 뜻이 편안하여
不貪淨化排三寶	불탐정화에 삼보는 밀고
能潔淸廉遠八瓊	능결청렴에 팔경은 멀리하네
日日新新如此美	미속유풍에 사도를 이루어서
太平天下萬年榮	천하태평에 만연을 영화네

대구광역시 중구 **鐵軒 裵忠欒**

湯帝盤銘警戒明	탕임금께서 반명하여 경계를 밝히셨고
日新遠惡素心成	날로 새롭게 하사 원악과 소심을 이루셨도다
奉親至孝千秋鑑	봉친의 지효는 천추의 귀감이요
爲國衷盛萬古情	위국의 충성은 만고의 정이셨도다
布德濟民如瀞玉	포덕제민함은 옥의 맑음 같고
施仁善政似輝瓊	시인선정함은 옥이 빛남 같도다
綱常固守修行裡	강상고수함을 수행하는 속에
偉訓遺芳永世榮	위훈유방으로 영세영하리라

경상북도 포항시 **如蘭 裵 必 南**

湯帝盤銘萬古明	탕임금의 반명이 만고토록 밝으니
修身日日偉功成	날마다 수신하시여 위공을 이루셨도다
排除惡習迎天命	악습을 배제하여 천명을 맞이하시고
克復邪心盡性情	사심을 극복하시어 성정을 다하셨도다
每效堯模磨若玉	매양 요임금의 법을 본받기를 옥을 갈 듯이 하셨고
恒從舜訓貫如瓊	항상 순임금의 교훈을 따름이 구슬을 꿰는 것 같도다
新民大德千秋赫	백성을 새롭게 한 큰 덕은 천추토록 빛나니
國政移行擧世榮	국정에 이행하면 온 세상이 영화로울 것이다

경상남도 양산시 **山韻 裵 馨 東**

湯盤銘苟日新明	탕지명구가 날마다 새로 밝으니
玉句金章面面成	옥구금장이 면면히 이루고 있으니
革命精神猶作意	혁명정신은 유작의 뜻이요
遷都功績孰忘情	천도 공적은 잊지 못하네
舜堯布德筵繡錦	요순의 포덕은 수놓은 연회석이요
孔孟施仁幅玦瓊	공맹의 인을 베품은 아름다운 패옥이네
善政爲民千世赫	위민선정은 천세에 빛나고
泰平盛代繼繁榮	번영된 태평성대 이어지네

| 대구광역시 달서구 **藥田 白樂相** |

湯帝盤銘自警明	탕제반명은 스스로를 경계함 밝힘이라
日新又日日新成	날 새롭고 나날이 새로움이 이룸이라
破邪齊我殫誠志	사특함을 깨고 나를 가지런하면 성을 다하는 뜻이고
顯正忠君竭力情	바름을 들어내고 충군하면 힘을 다하는 정이라
性品穩全聊得玉	성품을 온전이하면 애오라지 옥을 얻을 것이고
心身淸潔可觀瓊	심신을 청결하면 옥을 가히 볼 것이다
須臾不忘恒常覺	잠시라도 잊지 말고 항상 깨닫고
此訣遵行萬事榮	이 비결을 준행하면 만사가 영화로와짐이라

| 경상남도 거창군 **松林 白永才** |

湯之盤刻日新明	탕지반명을 날로 새롭게 밝히니
至極精誠欲警成	지극정성으로 경계함을 이루고저하네
頮面常從君子意	낯 씻으며 항상 군자의 뜻을 따르고저하고
洗心正效聖人情	마음 씻으며 바르게 성인을 정을 본받고저하네
修齊治國章章鑑	수제치국함은 장장이 거울이 되고
積德施仁字字瓊	적덕시인함은 자자마다 옥이로다
盥暎名言無垢惡	세수대에 비친 명언은 구악을 없게하니
太平天下得光榮	태평천하에 영광을 얻을 수 있으리라

전라남도 보성군 **瑞山 白浚善**

湯銘日日作身明	탕명에 일일로 작신이 밝으며
洗浴心身快感成	목욕한 심신이 쾌감을 이루오네
格物致知誠意力	격물과 치지와 성의에 노력하며
家齋至善太平情	가재와 지선에 태평한 정이옵고
禮邦燦爛文風旺	예방이 찬란하여 문풍이 왕성하며
鄕里佳聲詠俗瓊	향리에 가성은 시속 읊은 경장이고
鄒魯程朱承脈絡	추로 공맹과 낙민 정주의 맥락을 이어서
泮宮行事頌繁榮	성균관의 행사에 번영을 칭송하도다

제주도 제주시 **濟原 邊京鍾**

湯盤治世露華明	탕반에 태평한 세상 달빛은 밝고
本固邦寧聖代成	본고방녕으로 성대를 이루다
養德仁施修己意	약덕인시는 자기 수양의 뜻이요
安貧樂道牧民情	안빈낙도는 백성을 다스리는 정이다
破邪洞里舜風寶	파사하는 동리에 순풍하는 보배이고
顯正朝廷堯日瓊	현정하는 조정에 요일은 아름다움이다
億兆蒼生心氣爽	억조창생이 심기는 상쾌하고
淸平天下永光榮	청평천하에 영광이 영원하여라

경상북도 포항시 **長谷 邊 溪 溟**

湯王登極日華明	은나라 탕왕이 등극하니 해처럼 빛나고 밝네
善政施仁布德成	선정과 시인을 하여 포덕을 이루었네
洗濯心歪高士趣	마음이 삐둘어짐을 세탁하는 것은 고결한 선비의 뜻이요
滌瑕身垢美人情	몸의 때를 씻는 것은 미인의 마음이네
齊家修己似紅玉	집을 가지런히 하고 몸을 닦는 것은 홍옥과 같고
治國憐民如紫瓊	나라를 다스리고 백성을 어여삐 여김은 자경과 같네
賴此聖文能體得	이에 힘입어 성문을 체득하여
昇平槿域後孫榮	우리나라가 태평하여 후손을 영화롭게 하네

강원도 삼척시 **東山 邊 炳 和**

湯王故事句彰明	탕왕의 고사를 글귀로 드러내어 밝힌 것으로
喻語盤銘勞意成	좌우명을 목욕대야에 새겨서 뜻을 이루고자 애쓴 것이네
在位聖君宣懿德	성군으로 재위하면서 의덕을 널리 폈고
牧民賢宰察眞情	현재로 목민하면서 진정으로 살폈네
洗心除惡難磨玉	마음을 깨끗이 하여 악을 제거하는 것은 옥을 다듬는 것처럼 어렵고
潔體無疵員貫瓊	몸을 깨끗이 하여 허물을 없애는 것은 구슬을 꿰는 것처럼 힘이 드네
覺醒恒時修己訓	언제나 자기의 잘못을 깨닫고 수기하라는 가르침으로
苟新努力正生榮	진실로 새로워지려고 노력하면 바른 삶을 누리리라

울산광역시 남구 **華谷 徐東雲**

躬行道義世間明	도의를 몸소 행함이 세상을 밝히는데
自警盤銘實踐成	반명으로 스스로 경계하여 실천함을 이루었네
布德施仁隣睦意	덕을 펴고 인을 시행함은 이웃과 화목의 뜻이요
崇文博學薦譽情	학문을 숭상하고 배움을 넓힘은 명예를 높임이네
盡誠難保傾心鑑	정성을 다해도 보전이 어려움을 경심의 거울삼아
竭力僅承謹質瓊	갈력근승하여 조신하고 솔직하여 꾸밈없는 구슬이네
言句須華揮綵筆	말과 글귀가 화려해도 화려한 문장일 뿐이니
日新勉勵永光榮	일신면려하여 광영을 길이 이어가자

충청북도 충주시 **玄史 徐東亨**

日新出典史新明	일신의 출전을 역사에 새롭게 밝으니
湯帝盤銘自警成	탕왕 반명으로 스스로 경계를 이루었다네
賴此聖賢隨每事	이를 힘입은 성현은 매사에 따르고
宜當君子效常情	의당 군자들은 떳떳한 정을 본받음이네
舊邦善政世爲鏡	옛 나라 선정을 세상에 거울이 됨이요
今學修身誰欲瓊	지금 학문의 수신함에 누구에게나 옥빛이 됨이라
得意洗心千載續	뜻을 얻어 마음 씻음에 천년을 이었나니
前途省察豈無榮	앞길에 성찰하면 어찌 영화가 없겠는가!

경기도 의정부시 **章石 徐 明 澤**

湯王伐桀創殷明	탕왕이 걸왕 정벌하고 은나라 창업 밝히니
德及乾坤道日成	덕이 건곤에 미쳐 도는 날로 완성되었네
堯舜扈從匡國格	요순황제 호종하여 국격을 바로잡았고
傅伊翊贊審民情	부열이윤 익찬하여 민정을 살피셨네
導人進善能爲寶	사람들 인도하여 진선케 하니 능히 보배가 되고
潔體修心可謂瓊	몸을 청결히 하여 수양하니 옥이라 말할수 있네
卓犖遺言千載赫	탁월한 유언이 천년토록 빛나니
盤銘膾炙盍光榮	탕지반명 회자되니 어찌 광영하지 않으리오

경상북도 포항시 **徐 永 祚**

殷湯日日自新明	은나라 탕왕 나날 스스로 새로움을 밝혀
虞舜昇平纘繼成	우나라 순임금 승평 세월 이어 이루었네
桀紂邪淫無德性	하걸은주 사특음난하고 어진 너그러운 품성 없으니
望伊仁善有忠情	은나라 신하 이윤 주나라 신하 태공망 인선 충정 있었네
文王亹亹箴懸鏡	문왕은 힘씀을 거울에 명을 새겨 달았고
伯禹孜孜贊佩瓊	백우는 부지런함을 찬문을 옥돌에 지어찼네
古聖濟民今效則	옛 성인 백성 구제함을 이제 본받아 법을 삼으면
塗歌里抃世安榮	길가는 사람 노래 부르고 마을 사람 손뼉 치는 태평 세상 편한 영화되리

대전광역시 서구 **聚雲 徐容奎**

滌掃塵心大道明	세속의 마음을 깨끗이 닦아 대도를 밝히고
湯銘意在日新成	탕지반명에 뜻을 두어 날마다 새로움을 이루세
綱常固守古來訓	강상을 굳게 지킴은 예부터 내려오는 가르침이요
禮義準行前聖情	예를 쫓아 행함은 전성의 정이로다
潔己平生如琢玉	평생 자기를 깨끗이 하는 것은 구슬 쪼아 내듯이 하고
臨民每事若磨瓊	백성에 임해서는 매사를 옥 갈 듯이 정성을 다하여
政官奮發能先導	관정이 분발하여 먼저 스스로 끓으면
必有斯文萬世榮	반드시 사문이 만세토록 영광스러우리라

대구광역시 북구 **松甫 徐正善**

湯王萬古偉功明	탕왕이 먼 옛날에 위대한 공훈이 밝았으니
去惡盤銘教訓成	악을 제거하는 반명은 교훈을 이루었네
字義應當呈志節	자의(글의 뜻)은 응당 지절을 드러내고
日新必是著心情	일신은 필시 심정을 나타내도다
施仁愛國淨如玉	시인애국하니 구슬같이 맑고
布德爲民輝似瓊	포덕위민하니 옥과 같이 빛나도다
億兆蒼生亨運達	수많은 백성의 형운이 통달하며
子孫代代永繁榮	자손 대대로 영원히 번영하리다

경상북도 영주시 **徐庭守**

新新日日炤光明	날로 새롭고 새로움이 소광에 밝고
洗濯其身淸潔成	세탁하는 그 몸은 청결을 이루었네
寡欲心中精爽快	심중에 욕심이 적으면 정신이 상쾌하고
遠憂世上物多情	근심을 멀리하면 만물이 다정하네
儒風振作恒如鑑	유풍 진작을 하니 항상 거울과 같고
道義宣揚每似瓊	도의를 선양하니 매사가 옥과 같으네
聖訓萬民庠序傳	성인의 훈도는 만민의 학교의 스승이고
君王眞理路繁榮	군왕의 진리는 번영의 길일세

울산광역시 중구 **徐太洙**

人間生活冠倫明	인간생활에 윤리가 으뜸임을 밝혀야 한다
日日心身更得成	날로 심신을 다시금 이룸을 얻는다
道德宣揚垂偉績	도덕을 선양하여 위적을 드리우고
綱常實踐盡衷情	강상을 실천하여 충정을 다한다
斥邪衛正遵行鑑	척사위정으로 준행감이 되고
積善施仁潤澤瓊	적선시인으로 윤택할지어다
天下治平從此始	천하치평은 이에 따라 시작함이니
東方禮國大繁榮	동방예국으로 대번영 할 지어다

전라남도 보성군 **桐樵 宣 炳 國**

聖經賢傳似燈明	성경현전은 등불과 같이 밝고
列士英雄必讀成	영웅과 열사도 필독한다네
世上不知身外物	세상은 자기 외에는 알지 못하여
相逢舊友一無情	옛친구 서로 만나도 조금도 정이 없다
古今格訓雖多在	고금의 격훈이 많고 많지만
孔子家語碧玉瓊	공자님의 가어가 말씀마다 벽옥이다
非義聚財朝露也	비의로 모은 재산은 아침이슬과 같으니
施恩積德萬千榮	시은적덕함이 오랜 영화를!

울산광역시 울주군 **孫 敎 翼**

盛夏三更滿月明	한여름 깊은 밤 보름달이 밝구나
回廊靜座竹鳴成	툇마루 홀로 앉으니 대나무 소리 가득하다
無尙轉變子迷愚	세상인심 변해가니 자식 생각 혼미한데
一德恒心父願情	한결같은 오상의 덕 아비의 바라는 바
昔者商王浴器言	그 옛날 탕임금 욕조에 새긴 말씀
自新日日愛如瓊	날마다 새로워 짐을 보석같이 아끼셨네
身修愼獨誠華實	홀로를 삼가고 수양의 결실이 성실하라
故舊俱親頓顯榮	친구와 친척에게 영광되길 빌어보네

경상북도 포항시 **聞均 孫鳳翼**

湯王智慧苟深明	탕왕의 지혜가 진실로 깊고 밝았으니
警句盤銘自戒成	경구를 대야에 새겨 스스로 경계를 했네
養性修身賢者本	양성 수신하는 것이 현자의 근본이요
正心布德聖人情	정심으로 덕을 펴는 것이 성인의 뜻일세
從今古事爲龜鑑	이제부터 고사를 귀감으로 삼으면
將次邦紀似玉瓊	장차 나라의 기강은 구슬 같으리라
改革日新能變裏	날로 새롭게 개혁하여 능히 변하는 속에
無窮發展願繁榮	무궁하게 발전하여 번영하기를 원하노라

전라남도 보성군 **龜岩 孫在千**

日月相能始廣明	일월이 상존하여 큰 빛 이뤄지고
地球空轉地洋成	지구의 공전 속에 땅바다 이뤄졌네
愛情結果生胎基	애정의 결과 따라 생명의 터전 만들어지고
異性和順造緣情	남녀가 화순함에 인연들을 맺는 도다
人類生眠家庭院	인류의 생과 사는 가정에서 시작하여
福香享活靖珍瓊	행복감을 누린 것이 편안한 진보가 아닐까?
綱倫守戒眞儒人	강윤을 잘 수행하여 진정한 유인의 품성으로
道德世陽萬代榮	도덕의 세계 이루어 만대영화 누려보세

경상북도 경주시 **炯岩 孫 正 旭**

盤銘聖訓古今明	반명에 새긴 성훈은 예나 지금이나 밝게 빛나고
道德遵行所望成	도덕을 지켜 나감으로써 소망을 이루세
孔孟彝倫當世志	공맹의 옳은 윤리는 당세의 뜻이요
檀箕善政萬民情	단기의 좋은 다스림은 만민의 정이로다
宣揚五教年年玉	오상의 선양함은 매년의 옥같고
扶植三綱日日瓊	삼강을 부식함은 매일의 구슬이로다
傳統儒風承繼裏	전통유학을 이어받음 속에서
天下昇平永繁榮	천하가 평안하고 영원히 번영할 것이다

광주광역시 남구 **碧初 孫 坪 琦**

精讀盤銘道自明	탕지반명을 정밀하게 읽으면 도덕이 저절로 밝을 것이니
不拘貴賤偉功成	귀천을 불구하고 위대한 공적을 이루리라
私心滌去修身事	사심을 깨끗이 버린 것은 수신의 일이요
敗政維新輔世情	실패한 정치를 유신하면 세상을 보조하는 심정이라
經緯整齊能織錦	경위를 정제하기를 능히 비단 짜듯이 하고
切磋推極似磨瓊	절차탁마를 추진하기를 지극히 하기를 구슬 연마하듯이 한다
商湯遺教勤行得	은왕성탕의 끼쳐준 유교를 부지런히 행하여 얻음이 있으면
竹帛長傳萬古榮	역사에 길이 만고의 영화를 전하리라

강원도 춘천시 **芝石 孫鎬丁**

湯王盤器刻文明	탕임금은 대야 그릇에 글을 새겨 밝혔으니
日日新須又可成	매일 새롭게 하고 또 새로이 해야 이룰수 있다고 하셨네
污染善心無意識	착한 마음도 어느새 오염되니
洗除惡事每醒情	늘 뜻을 일깨워 악함을 깨끗이 씻어내라는 것이라
古來匡正戒言句	예부터 바르게 고치려는 경계의 구절이나
今世我田腰帶瓊	오늘날 아전인수로 요대의 패옥이 되었으나
政者苟行扶百姓	정치가는 진실로 행하여 백성을 돕는다면
自然和合不窮榮	자연히 화합하여 끝없이 영화로우리

울산광역시 남구 **晴江 宋萬甲**

湯之稟性日如明	탕왕의 타고난 품성이 해와 같이 밝아
誓訓盤銘自警成	서훈을 그릇에 새겨 스스로를 경계했네
王道實施千載鑑	왕도를 실시하니 천년에 귀감이 되고
民生敦篤萬年情	민생을 독독히 하니 만년에 정이로세
正心修己作心鏡	정심수기하면 마음의 거울이 되고
格物致知爲物瓊	격물치지는 사물의 옥(아름다운 덕)이 되나니
儒者意誠和上下	유자가 뜻을 성실히 하여 상하를 화평케 한다면
邦家賴此享繁榮	방가가 이에 힘입어 번영을 누릴 걸세

광주광역시 **북구 宋富鍾**

湯帝嘗殷聖旨明	일찍이 은나라 탕왕께서 성지를 밝히셨네
盤銘名句日新成	소반에다 명구 새겨 일신함을 이루셨네
齊民業績千秋兀	제민하는 업적은 천년에 우뚝하고
治國昇平萬古情	태평성대 이루심은 만고의 뜻이로다
懿德施仁眞重寶	의덕으로 인을 폄이 귀중한 보배이고
孝忠節義勝金瓊	충효의 높은 절의 금옥보다 더욱 좋네
史傳記錄稀聞事	역사의 기록에서 듣기 드문 일이니
敬奉佳文必大榮	좋은 글 받들어서 더욱 크게 번영하리라

경상북도 고령군 **我泉 宋碩鎬**

湯帝盤銘盟約明	탕제께선 욕반에 맹약 새겨 밝히고
滌污去惡實踐成	오염 씻고 악 제거함 실천을 이루었네
正心修己敬儀悄	정심으로 몸 닦아 공경을 깨닫고
誠意致知仁義情	성의롭게 앎에 이러 인의에 뜻하리라
大聖三圖珍最寶	공성의 삼계도는 보배 중의 보배이요
德人一語重千瓊	덕인의 한 말씀 천 개 주옥보다 귀중하네
康衢至善淳風裡	지극히 착한 화평한 거리 순박한 풍속 가운데
苟日新連百世榮	날로 새로움 진실함 백세를 이어 빛나리라

부산광역시 북구 **政邑 宋守復**

日新修己判分明	자기 수련으로 날로 새로워지면 사리 판단이 분명해지고
湯主盤銘殷國成	탕왕도 반명으로 일신하여 은나라를 건국했도다
克服邪心傾篤志	사심 극복에 두터운 뜻을 기울이고
排除惡習盡衷情	악습 배제에 충정을 다하여야 한다
敦忠孝弟前途核	돈충효제는 앞길의 씨알과 같고
善行嘉言進步瓊	선행가언은 전진하는데 옥 같은 것이로다
儒敎義仁能實踐	유학의 가르침에 따라 인의를 잘 실천하면
自身發展益光榮	자신의 발전에 광영을 더할 것이로다

경기도 동두천시 **春岡 宋載勳**

苟日新安樂必明	진실로 하루를 새롭게 하면 편하고 즐거움이 밝아짐은
水流不絕海洋成	물이 그침 없이 흘러 큰 바다를 이루는 것과 같네
洛閩學統三綱意	정주 학문을 이어받아 삼강의 뜻을 생각하고
鄒魯儒風五敎情	공맹의 유풍을 받아 오륜을 공부하는 뜻이네
道本無名堆葉土	도는 본래 이름 없어 땅 위에 낙엽만 쌓이는데
淸心黙良撒花瓊	맑은 마음 침묵으로 키우니 꽃 구슬을 뿌리네
賢人左右箴言掛	현인이 좌우에 잠언을 걸어두는 것은
搖氣深修竟得榮	흔들리는 기운을 깊이 수련하여 마침내 영화를 얻게 함이네

부산광역시 금정구 **智石 宋 鎬 丙**

湯銘警句萬年明	탕지반명 경계글귀 만년토록 밝은데
日日能新聖者成	나날이 새로움 능해 성인이 되었네
洗垢染無歸性意	때 씻어 오염 없음은 본성으로 돌아가는 뜻이요
克私淨盡刻書情	사욕 이겨 깨끗함 다함은 글 새긴 마음이니
興商布德垂鴻業	상나라 일으켜 포덕하며 흥업을 드리웠고
救夏安民帶大瓊	하나라 구해 백성 편하게 하니 큰 옥을 둘렀네
聖世遺風須效則	성세의 유풍 본받아 법 삼아서
無休勉力必來榮	쉼임 없이 힘쓰고 반드시 영화 오리라

강원도 삼척시 **申 大 原**

湯帝盤銘確實明	탕임금이 세수대야에 확실하게 밝게 새기시니
濟家思想紀綱成	나라를 다스리는 사상에 기강을 이루었도다
施仁布德堂堂道	인을 베풀고 덕을 펴기는 당당한 길이고
修己治人正正情	몸을 닦고 사람을 다스리기는 바르고 바르게 하라는 뜻이네
義氣芬芬清似鑑	의기는 향기롭고 향기로워 맑기가 거울같고
忠心烈烈矯如瓊	충심은 열열하여 굳세기가 옥같구나
日新又日新名句	나날이 새롭다는 명글귀
懿蹟長傳萬古榮	아름다운 자취 오래 전하여 만고의 명예일세

대구광역시 달서구 **兢齋 申福均**

日新聖敎意分明	성인의 가르침 뜻이 분명해서
熟讀蒼生感化成	창생이 숙독하니 감화를 이루었네
每念名言無限訓	매양 명언을 생각하니 한없는 훈계요
常思妙句不窮情	항상 묘구를 생각하니 다함없는 정이로다
萬人省察爲龜鑑	만인이 성찰해봐도 귀감이 되고
百世細看作玉瓊	백세토록 자세히 봐도 옥경을 짓도다
若使君王從此道	만약 군왕으로 하여금 일신의 도를 따르면
太平盛代有繁榮	태평성대에 큰 번영 있으리라

전라남도 목포시 **杲牧 申崟碩**

日日新韓四海明	일일신우일 우리나라 사해가 밝으며
萬邦偉大晏淸成	세계 위대한 평화스런 나라 이루었네
蒼民睿哲精和合	국민들 예철한 정신으로 화합하며
危克相夫助夬情	위기극복 정 나누며 상부상조하네
錦繡江山吟勝致	금수강산 승치로 시 읊으며
洋洋國土樂天瓊	양양한 국토 아름다워
一諸發展昇華炫	우리 모두 발전 승화로 빛나며
洪福高風宣宴榮	고풍한 홍복으로 잔치하니 즐겁네

대구광역시 수성구 **禮堂 辛相連**

偉大湯王智慧明	위대하신 탕왕 지혜로 밝으시고
盤銘實踐日新成	반명 새겨진 일신 날로 실천하여 일신 이루이셨네
建中建極商殷道	세운 가운데 극진한 것은 상나라·은나라 도요
惟一惟精舜禹情	하나부터 생각하며 정성을 들여서 거칠지 아니하고 매우 고운 것은 순임금·우임금의 정이요
本性研磨千載寶	본성을 연마함은 천재의 보배요
其心洗濯萬秋瓊	그 마음 씻은 것이 만년토록 옥거울이네
太平統一垂徽績	천하태평 통일은 아름다운 업적 드리우고
億兆蒼生享摠營	억조창생 영화를 다 누리네

충청북도 청주시 **旿雲 辛承敏**

朝洗盤銘將次明	아침 세수하는 반명은 장차 밝아지는데
太平聖代遠望成	태평성대를 멀리 바라 이룩한다
初終一德新新作	처음부터 맞을 때까지 한결같은 덕으로 신신작하고
含有三仁旭旭情	함유삼인으로 더욱더욱 정이 있더라
國日止知堯日夢	국일지지하니 요임금 날의 꿈을 꾸고
民風振起舜風瓊	민풍이 진기하니 순풍에 옥구슬이라
退消貨利攘聲色	화이를 소진시켜 물리치고 성색을 제어하고 멀리하니
天下回歸贊頌榮	천하가 회귀하고 찬송하는 영화를 누리리라

전라북도 전주시 **靑林 申榮奎**

聖君德意萬邦明	어진 임금의 덕이 온 세상에 밝으니
湯帝盤銘治道成	탕왕의 반명은 치도를 이루었다
仁親思恩如有志	어버이를 사랑하고 은혜를 생각하는 뜻이 있는 것 같고
敬天愛衆若爲情	하늘을 공경하고 백성을 사랑하는 정이 이와 같음이라
上和下睦千江練	위에서는 화평하고 아래서는 화목함이 마치 천강이 이어지는 것 같고
國泰民安一尺瓊	나라가 태평하고 백성이 편안함은 한 척이나 되는 구슬이네
日日又新瑞祥滿	날로 날로 새로워지고 또 새로워지니 상서로움이 가득하고
乾坤敎化百花榮	온 세상을 교화하니 온갖 꽃처럼 영화롭네

경상북도 예천군 **豊壤 辛柱甲**

湯王懿蹟再昭明	탕왕의 아름다운 의적 재소명 할 때
夏退殷商竪赫成	하나라를 물리쳐 은·상두 나라를 세워 빛나게 이루니
孔孟文風誰敢忘	공맹의 문풍을 누가 감히 잊으리요
朱程性學仰欽情	주정성학을 우러러 흠모하는 정일세
爲民善政三皇效	위민선정은 삼황을 본받았고
愛國精神萬歲瓊	애국정신은 만세토록 옥일러라
槿域儒林詩祝裡	우리나라 유림들이 시로서 송축하니
太平盛世願望榮	태평성세 이루기를 원해 영화를 바라네

충청북도 제천시 **和峰 辛恒善**

湯王自警刻盤明	탕왕이 자경을 대야에 새겨 밝힘은
比類吾身滌潔成	내 몸을 척결하게함을 비유하였네
遵道維新今世事	도에 따라 오직 새롭게 함은 금세의 일이요
訓辭誥示故人情	훈계를 세상에 글로 깨우침은 옛 사람의 정이네
害仁惡習如污垢	인을 해치는 악습은 더러운 때와 같고
進德良方似寶瓊	덕으로 나아가는 좋은 방법은 보배와 같네
若有名賢銘體用	만약에 명현이 있어 반명을 체용한다면
安民國泰天下榮	국태민안으로 천하가 영화로우리라

충청북도 음성군 **申鉉雄**

殷湯盤銘甚克明	은탕의 반명이 심히 밝아
日新箴規琢磨成	일일신을 잠규로 탁마해서 이루었네
與人同樂盡誠力	여인동락엔 정성을 다하고
濟世相扶傾愛情	제세에 상부하여 애정을 쏟는다
救國養材收白玉	구국양재에 백옥을 거두고
齊家修己得紅瓊	제가수기하면 홍경을 얻고
弔民伐罪治天下	조민벌죄로 천하를 다스리니
恩雨無私草木榮	은우는 사가 없어 초목도 번영하네

광주광역시 동구 **立軒 申 亨 澈**

日日新之又日明	나날마다 새로 또 해 또 날이 밝도록
志誠蓄積玉能成	지성으로 축적해서 옥 능히 이루리
爲民躍進農耕業	백성위함 약진함은 농경의 큰 업이요
輔國先牽邱壑情	나라보호 제일 먼저 구학정세 이끌어야
孫氏殺蛇傳世德	손숙오 양두사 죽임 세상에 덕 전했고
黃香扇枕有家瓊	황향의 베개 붓침 집안 구슬 있을러니
若令南北和合一	우리 만일 남과 북이 화합하여 하나되면
古木逢春最上榮	고목이 봄 만난 최상의 영광일세

강원도 강릉시 **松淵 沈 廣 澤**

盤銘自戒洗心明	대야에 경계글 새겨 마음까지 씻었고
日日新於正法成	일일신 우일신하여 바른 법을 이루었네
好文招賢施善政	잘 묻고 어진이 불러 좋은 정치를 베풀었고
饑窮救恤抱衷情	굶주리는 이 구휼하여 충정으로 안아줬네
七年續旱祈天祭	칠년대한에 하늘에 비오길 비니
大雨滂沱得寶瓊	큰비가 흘러 넘쳐 보배를 얻은 듯하네
國泰民安監六事	나라태평 백성 평안은 여섯 가지를 살펴봄에 있고
康衢煙月達繁榮	강구연월하니 번영을 이루었네

경상남도 양산시 **碧川 潘美連**

湯盤日日又新明	탕반명구가 날마다 밝으니
銘句金章面面成	명구금장이 면면히 이루네
昔彦聖功輝青史	옛날 선현 성인의 공이 청사에 빛나니
後儒欽慕不忘情	후세 유학자들 흠모의 정 잊지 못하네
舜堯布德龍懷翠	요순포덕은 용이 비취를 품었고
孔孟施仁鶴戲瓊	공맹시인은 학이 옥을 놀이하네
賴此輔倫千世赫	이에 힘입은 보인으로 천세에 빛나고
似山如海永隆榮	산과 바다같이 영원히 융성 번영하리

경기도 시흥시 **旰堂 安嘷煥**

湯作盤銘再照明	은나라 탕왕이 반명을 지은 것을 다시 조명하노니
自吾肅戒大功成	나 스스로 엄숙히 경계하여 큰 공을 이루었도다
驚人傑句千秋鑑	사람을 놀라는 잘된 글귀로 천추토록 거울 같고
警世眞章萬古情	세상을 깨우치는 참된 글장 만고 토록 정이로다
時勉道心深若海	때때로 도심으로 힘쓰니 깊기가 바다 같고
日新謀事値凌瓊	나날이 꾀하는 일이 새로우니 가치가 옥을 능멸한다
斥邪衛正胷懷闊	간사함을 물리치고 정의를 지키어 흉회를 넓히어
不息勤修得貴榮	근수함을 쉬지 않으면 귀영을 얻으리라

경기도 이천시 **修光 安 圭 軾**

湯帝盤銘德日明	탕왕은 소반에 글을 새겨 날마다 덕을 밝히시고
斯民治化又年成	인민을 교화하고 다스려 중년을 이루셨네
厚生有欲先賢志	민생을 윤택하게 하려함은 선현들의 의지요
經濟無瑕後學情	나라를 잘 경영하여 백성을 구제함은 후학들의 바램이네
放傑南巢誰識實	걸사를 남소에 추방함은 누가 이 진실을 알겠는가
任能北面世人瓊	인재를 등용하여 우대하고 만백성을 보배로 여기시니
子孫萬代爲傳鑑	자손 만대에 전하는 귀감이 되고
永遠天宮享祚榮	영원토록 천궁에서 영화와 복을 누리소서

전라남도 무성군 **南松 安 南 淳**

日日盤銘確固明	일일신지 반명 확고히 밝히며
惟民洗浴自新成	백성들은 목욕하며 신지 이루도다
人間至善尊仁道	사람이 선에 이르면 어진 도를 존중하고
士子修身尙德情	사림이 수신하면 덕행을 숭상한다네
槿域坊坊崇禮雅	우리나라 방방에는 숭례함이 아름답고
杏壇處處講書瓊	향교 곳곳에는 강서경장이네
遺風持續繼吟詠	유풍 지속되어 음영 계속되고
投稿全般事事榮	투고전반하니 일마다 영화로다

서울시 은평구 **松巖 安 大 煥**

盤銘湯帝國營明	반명은 탕임금께서 나라 경영시 밝임 이시니
日日新新日益成	나날이 새롭게 하고 새로움을 날로 더욱 이루셨도다
顯正破邪匡世俗	정을 나타내시고 사특함을 쳐부수어 세상풍속을 바루시고
澗心去惡警民情	마음 씻어 악을 제거 하도록 백성의 정을 깨우셨도다
以仁布政恒施德	인으로써 정사를 펴고 항상 덕을 베푸시고
蒙惠憐人每似瓊	은혜 입혀 사람 어여삐 여김을 매양 옥과 같이 하시었으며
滅夏建商堯舜效	하나라 폭군 걸을 멸하고 상나라 세워 요순을 본받으시니
無窮永劫大繁榮	끝없이 영원한 세월 크게 번영하였도다

경상북도 경주시 **斗岺 安 炳 助**

輔國安民國紀明	안민보국하여 국기를 명확히 하고
湯王聖德大功成	탕왕의 성덕으로 큰 공을 이루었다
江山忍說君臣恨	강산인설은 군신의 한이요
天地應知烈士情	천지가 응지 하니 열사의 정이라
滅夏內亨開霽月	하나라를 멸하고 안으로 형통하니 제월이 열린 것 같고
立殷外貌似邦瓊	은나라를 세우니 겉으로 아름다운 나라 같구나
盤銘新日千秋燦	반명일신하니 천추에 빛나고
懿蹟宣揚是共榮	의적을 선양하니 이 또한 공영이더라

경상북도 포항시 **清菴 安三守**

大學經文學道明	대학 경문에서 학문의 길 밝혔고
盤銘康誥履行成	반명과 강고에서 실행함을 이루었도다
箴警每每修塵念	경계 글 매양 받들어서 진념을 닦고
器用朝朝洗俗情	아침마다 대야 써서 속정을 씻었도다
恒習先賢能作聖	항상 선현을 학습하면 성인이 될 수 있고
日新警句可爲瓊	일신이란 경계 글 가히 보배됐도다
止於至善知先後	지선에서 머물러 일어 본말 알아서
天下人生享貴榮	천하의 인생을 부귀영화 누렸도다

충청북도 괴산군 **月山 安商乙**

詩壇創立東儒明	시단을 창립하니 동방의 유학이 밝아지고
硯是耕田文是成	벼루의 밭을 갈아 해마다 문이 이루어지리
何時舊國多禮俗	예를 숭상하는 풍속 옛 나라 어느 시기였던가
此地新韓振名情	이 땅에 새로운 한국에 정다운 마음 떨치니
戰開閃閃詞鋒白	시 짓는 경쟁에서 시문의 재능 번득이고
詠罷滔滔醉面瓊	다같이 짓고 도도하게 읊으니 취한 얼굴 붉네
協會斯邦支部在	협회가 이 나라에 지부 생기니
士之驥即享繁榮	선비들 가는 곳에 번영을 누리리라

경상북도 문경시 **安 永 仁**

湯帝盤銘正德明	탕왕은 반명으로 공명정대한 덕을 밝혔는데
日新日益願新成	날로 새롭고 날로 더욱 새롭게 이루기를 원했네
恒時修己續初志	항시 자기를 닦으며 처음의 뜻을 잇고
每樣潔身傾素情	매양 몸을 깨끗이 하며 본디의 마음을 기울이네
經世良謨輝似寶	세상을 경영하는 양모는 보배처럼 빛나고
治民善政潤如瓊	백성을 다스리는 선정은 옥과 같이 윤택하네
箴言聖敎遵行裡	잠언과 성교를 준행하는 가운데
昭代將迎萬世榮	태평성세를 장차 맞이하니 만세토록 영화로우리라

부산광역시 강서구 **社陵 安 龍 福**

湯王大道鏡如明	탕왕의 대도는 거울같이 밝은데
每讀盤銘偉業成	매일 반명을 읽고 위업을 이루셨네
世播名聲無限樂	세상에 명성 퍼져 무한히 즐거워하시고
日新功績不忘情	날마다 새로운 공적은 정을 잊지 못하였으리
蒙恩黎庶重思寶	은택 입은 여서는 귀중하기를 보배같이 생각하고
尙德朝廷佳若瓊	상덕 하는 조정에서는 아름답기를 경옥같이하네
夏滅威嚴垂宇宙	하나라 멸한 위엄은 천하에 드리우니
能安海內國民榮	해내를 편히 하고 국민을 영화롭게 하리

경상북도 예천군 **月湖 安 佑 相**

湯帝盤銘自省明	탕이 몸이 반명에 자성의 글을 밝혔으니
日新日日苟新成	일신하면 나날이 진실로 새로움을 이루리라
躬行懿德千秋志	궁행 하는 의덕은 천추의 뜻이요
固守綱常萬古情	고수하는 강상은 만고의 정일세
修養心身淸似玉	수양한 심신은 맑은 옥과 같고
磋磨品性淨如瓊	차마한 품성은 깨끗한 구슬 같네
善從去惡奚疎忽	선을 쫓아 악을 버리는데 어찌 소홀하리오
聖道深姸竟得榮	성도를 심연하면 마침내 영광을 얻으리라

경상북도 예천군 **月峰 安 仲 植**

湯帝盤銘結義明	탕임금 반명이 결의가 밝은데
綱常振作美風成	강상이 진작되어 미풍이 이루리라
修身每日新行道	수신을 매일 새롭게 행도를 하고
處事恒時覺醒情	처사를 항시 각성하면 뜻이 서리라
德以治人賢主鑑	덕으로써 사람 다스리면 현주의 거울이며
文而濟世聖王瓊	문으로 제세하면 성왕의 구슬이라
黎民各自如斯踐	여민들 각자가 이같이 실천한다면
社會咸熙後代榮	사회가 다함께 후대에 영화로우리라

강원도 양양군 **南岡 梁 同 昌**

盤銘實踐未來明	반명을 실천하면 미래가 밝아지고
舊弊維新善政成	구폐를 유신하면 선정이 이루어질 것이다
改革精神治世策	개혁 정신으로 치세를 한다면
融通社稷運營情	융통성 있는 사직 운영으로 정겨울 것이다
尖端技術研磨潤	첨단 기술을 연마하면 윤택하여지고
聖哲知能履行瓊	성인이 지능을 이행한다면 옥같이 아름다워 지리라
鼓舞親民修練捲	친민을 고무시켜 수련에 힘쓰게 한다면
家邦發展永繁榮	가정과 나라가 발전하고 영구히 번영하리라

경기도 용인시 **藝香 梁 成 子**

湯王踐祚自公明	천조한 탕왕은 스스로 공명하고자
敎訓盤銘善政成	교훈을 소반에 새기어 선정 이루었네
康誥人民探本意	강고에는 인민이 새롭게 본뜻을 찾고
詩經周國異天情	시경에는 주나라가 천명을 새롭게 하였네
眞心藥石文章鑑	진심 어린 약석은 문장마다 본보기 되고
正義嘉言句節瓊	정의로운 가언은 구절마다 옥이로세
每日又新無舊態	매일 더욱 새롭게 하여 구태를 없애니
殷商奮發繼繁榮	은·상나라가 분발하여 번영 이어졌더라

대구광역시 남구 **雲心 梁仁模**

盤銘湯王瑞光明	탕왕이 쟁반에 쓴 글 상서러운 빛이 밝으니
日日新新宿願成	일일 새롭고 새로우니 오래도록 지녀온 소원 이루었도다
道德文化回復裏	도덕문화 회복하는데
儒敎振興一心情	유교진흥 한마음 정이로다
遺風偉績千秋志	유풍 위대한 업적 천추에 뜻이고
振作斯文萬世瓊	사문 떨쳐 일으킴은 만세에 옥이로다
疫病退斯安住國	역병을 퇴사(물리치니) 편안한 나라이고
和平天運永繁榮	천운이 화평하니 영원번영하리라

광주광역시 남구 **江齋 梁一太**

天性虛靈本是明	허령한 천성은 본디 밝아
日新推己及人成	일신하여 추기급인 이루네
正心格物修身事	정심격물은 몸 닦는 일이요
治國齊家輔世情	치국제가는 세정을 돕는다네
孔聖箴言溫似玉	공자님 잠언은 옥같이 따뜻하고
鄒公論道美如瓊	맹자의 논도는 구슬같이 아름답네
湯銘掛壁隨時讀	탕명을 벽에 걸어 수시로 읽으며
存養閑邪萬事榮	존양한사하니 만사가 영화롭네

대전광역시 유성구 **梁熙文**

湯帝盤銘務闡明	탕지반명을 밝게 드러내려 힘쓰면
東方禮國復元成	동방예의지국 복원을 이루리라
宣揚道德承仁志	도덕을 선양하고 어진 뜻을 이어서
扶植綱常繼懿情	삼가오상 부식하니 떳떳한 정 이어지네
孔孟遺風千里寶	공매의 유풍은 일천 마을의 보배이고
程朱學脈萬家瓊	정주의 학맥은 일만 가정의 옥이로세
人人念願恒平世	사람마다 항시 편안한 세상 염원하니
聖訓遵行日日榮	성훈을 준행하면 날마다 영화로우리라

강원도 영월군 **仁山 嚴相鎬**

夏古盤銘進路明	옛 하나라 왕이 반에 새긴 글 진로의 날이 밝으며
湯之海晏太殷成	탕왕이가 해안에 은나라 태평하게 이루었네
事君壯節呈誠志	사군의 장한 절개에 정성드림 의지이고
憂國精忠盡力情	나라 근심하는 충성에 정신 진력의 정이네
老士內心開霽月	노선비는 내심으로 쾌청한 달 뜨기 바라고
短軀外貌似修瓊	작은 몸의 외모는 아름답게 꾸민 것같네
傳承偉績千秋燦	위대한 업적 전승하여 천추토록 빛나고
固守遺風萬世榮	유풍을 굳게 지켜 만세토록 영광되리라

경상남도 함양군 **呂聖鉉**

伐夏盤銘苟日明	하나라 토벌한 반명은 실로 매일 밝아졌으니
湯王覺悟濟民成	탕왕의 각오는 백성 구제로 이루었네
阿衡負鼎烹調說	이윤이 솥 짊어지고 행한 요리 유세
仲虺昭忠保佐情	중훼가 충으로 밝힌 보좌의 정
解罔施人傳正理	그물 풀고 인을 베풀어 정리를 전했고
弔民懲罪作經瓊	조민징죄로 경의 구슬을 만들었네
桑林禱雨平天下	상림의 기우로 천하를 평정하니
大義名分王朝榮	대의명분은 왕조의 영화였네

경상북도 청도군 東泉 **芮性海**

盤銘湯主世中明	탕왕의 반명이 이 세상 중에 밝은데
自警治邦善政成	스스로 경계하여 나라를 다스려 선정을 이루었네
日日行新憂國道	날마다 새롭게 행하면 나라를 걱정하는 도리요
時時滌舊愛民情	때때로 옛날 때를 씻으면 애민하는 정이로다
正心去惡千秋鑑	악을 제거하여 마음을 바르게 하면 천추에 본보기이고
淨己除埃萬古瓊	때를 씻어 몸을 깨끗이 하면 만고에 옥과 같도다
太甲應當能敍德	태갑왕도 응당 능히 덕을 펼치리니
吾儕私淑得光榮	우리들도 이를 사숙하면 광영을 얻으리라

서울특별시 강남구 **然齋 吳 光 烈**

精神開闢未來明	정신이 개벽되니 미래가 밝아지고
學習儒文正義成	유교 학습으로 정의를 세우네
氣質改良除物慾	기질을 개량하여 물욕을 없애고
良心涵養育純情	양심 함양으로 순정을 기른다
殷湯模範盤銘意	은왕은 반명을 모범으로 삼고
聖子修身禮樂瓊	성현은 보배로운 예악으로 수신하였네
溫故知新謳發展	온고지신으로 발전을 노래하고
書經實踐享繁榮	사서오경 실천으로 번영을 누리네

서울특별시 서초구 **謙菴 吳 秉 斗**

湯帝盤銘道義明	탕임금 목욕통에 도의가 밝혀졌고
破邪顯正所望成	파사와 현정으로 소망이 이뤄진다
父慈子孝曾宗鑑	부자와 자효함은 증자·맹종 거울이고
軍信臣忠尹屈情	군신과 신충함은 이윤·굴원 뜻이로다
教士談清青衿寶	선비교회 맑은 담론 청금의 보배이고
愛民行篤白頭瓊	백성사랑 독실 행동 어른들 옥이로다
含光麗句潛心刻	빛 같은 고운 글귀 마음속 새기고서
日日新興百世榮	오로지 일신해서 백세토록 번영하세

충청남도 아산시 **松林 吳錫九**

湯王德業照常明	탕왕의 덕업이 언제나 밝게 비치니
歲久盤銘北斗成	세월이 갈수록 반명이 북두성을 이루네
閉惡尊誠匡世俗	폐악존성은 넓힐 세속이요
秉彝守性厚民情	병이수성은 백성의 뜻 후해짐이네
太平經濟貽珍寶	태평경제에도 보배롭게 끼치니
高貴文章似佩瓊	고귀한 문장 패옥같네
訓語眞知多慶福	훈어를 참되게 아니 경복이 많고
宣揚滿足得光榮	선양됨에 만족하니 광영을 얻네

경상북도 포항시 **吳廉秀**

人之姿稟爲公明	사람의 자품은 공명해야 되니
顯正無邪紀律成	현정무사의 기율이 서야하네
實踐綱常千古鑑	강상실천은 천고의 거울이요
修行道德萬年情	도덕수행은 만년의 뜻 이더라
義仁堅固平生寶	인의를 견고히 함은 평생의 보배요
禮智維持永遠瓊	예지를 유지함은 영원한 구슬이네
湯代盤銘模各者	탕 대의 반명을 모두가 본받아
儒風振作願繁榮	유풍이 진작되어 번영을 원하노라

전라남도 곡성군 **一谷 吳容錫**

其節混塵履太明	그 시절 어지러운 세상 탕께서 매우 현명하시어
誠施善策平世成	빠른 시책을 바로 펴시어 밝은 세상 이루었네
明明德發洗盤照	밝은 덕 펴고픈 각오 세반에 새겨 비추었음은
苟日新揚至深情	진실로 새로워지려는 지극히 깊고 깊은 뜻이었네
大旱救民犧大林	큰 가뭄에 백성들을 구하고자 화림에 몸을 던졌을 때
天雷降雨念眞瓊	하늘이 우뢰하여 큰 비 내렸으니 그 진경이 읽혔음이라
尊行偉蹟千秋輝	존경스럽고 위대한 행적 천추에 길이 빛나니
旭日欽尙現活榮	날이 갈수록 흠상이 더해져 오늘도 영명이 살아있네

전라남도 나주시 **成竹 吳仁善**

一個人心不易明	하나의 사람 마음 밝히기 어려우니
日新有息老無成	일신함을 간단하면 끝내 이룸 없다네
去其舊染存天性	옛 습관 제거하면 천성이 보존되고
消此已污盡物情	지난 오염 소멸하면 물욕이 없어지네
惡積於身如璞玉	몸에 악을 쌓으면 다듬지 않은 옥과 같고
善施諸世似瑤瓊	세상에 선을 베풀면 아름다운 보배 같네
生前不愧猶爲貴	생전에 부끄럽지 않음이 귀하니
死後功名豈足榮	사후에 공명이 어찌 영화스러우리오

경상남도 진주시 **弘軒 吳智泳**

於戲聖學是彰明	아! 성학을 밝게 드러내어서
盤上鑴銘至治成	반(盤) 위에 명(銘)을 새기어 좋은 치적 이루었네
天意難違施廣德	천심은 어기기 어려워 광덕을 베풀었고
秋毫不犯仰高情	추호도 범함 없으니 높은 뜻을 우러러보겠네
千年垂訓喩人道	천년에 교훈 전하여 사람의 도리 깨우쳐 주었고
萬古遺模奉玉瓊	만고에 모범 남기어 좋은 보배로 받들었네
這裏日新無間斷	일신의 교훈이 이 속에 끊김이 없으니
洋洋勳業永光榮	성대한 훈업이 길이 영광스럽도다

대전광역시 중구 **南岡 吳昌煥**

偉矣盤銘德自明	거룩하도다! 반명은 덕을 스스로 밝힘이니
修身養性日新成	몸 닦고 성품 길러 날로 새로움을 이룸이라
齊家治世賢人道	집 다스리고 세상 다스림은 현인의 도요
興國安民聖王情	나라 이루고 백성 편히함은 성왕의 뜻이네
義理千秋垂竹帛	천추의 의리로서 역사에 전하고
文章萬古得眞瓊	만고의 문장으로 진실을 얻었도다
吾儕效則斯經句	우리들은 이 경전의 글귀를 본받아
快滌風塵共樂榮	풍진을 쾌히 씻고 번영을 함께 즐기세

전라남도 남원시 **吳怦植**

湯王日日噶新明	탕왕이 날마다 새롭게 갖추길 다짐하시고
至善追求治世成	지선을 추구하셨으니 치세를 이루셨네
祈雨皇天躬問罪	황천에 기우하심에 몸소 자신의 죄를 물으셨고
飛禽盛德適施情	성덕으로 나는 새들에게도 마땅한 온정을 베푸셨네
虛靈不昧君懷寶	허령하여 불매함은 군자가 품은 보배요
顯達無貪大佩瓊	현달하여 무탐함은 대인이 차는 옥이로다
得小人微權眼瞙	소인은 작은 권세에도 눈이 흐려지는데
修身展者享衷榮	수신하여 펴는 이는 마음의 누리는 도다

울산광역시 남구 **香雲 王喜順**

湯銘遺訓萬年明	탕지반명의 유훈 만년토록 빛나니
日日新而自警成	나날이 새로워져 스스로 경계가 되었네
浴體除塵殫本意	몸을 씻고 때를 제거해 본의를 다하고
洗心去惡盡眞情	마음 씻고 악을 제거하여 진정을 다하네
能施厥德輝如寶	능히 펼친 그 덕 보배같이 빛나고
恒布其仁燦似瓊	항상 베푼 그 인 옥같이 찬란하네
何暇帝王探豫怠	어느 겨를에 제왕이 안락과 게으름을 탐하리오
盤中名句永延榮	반중 명구 영연히 빛나리라

경상남도 함양군 **山斗 禹 埈 鎬**

大學盤銘似鏡明	대학의 반명은 거울처럼 밝으니
悟道修身治國成	도 깨닫고 몸 닦으며 치국을 이루네
五德流傳光世俗	오덕의 유전은 세속을 빛내고
三綱秩序正人情	삼강의 질서는 인정을 바로 세우네
朱熹性理知天法	주희의 성과 이는 하늘 깨우치는 법
孔子忠仁覺志瓊	공자의 충과 인은 뜻을 깨우치는 구슬
賢聖自强先實踐	성현의 자강은 실천을 우선했으니
切磨箴戒起倫榮	절마잠계가 인륜의 영광을 일으킨다네

경상북도 상주시 **松巖 禹 重 根**

吾韓自古禮儀明	우리나라는 자고로 예의가 밝았는데
虧失家庭孝悌成	무너진 가정 효제를 이루어야 하리
聖教修時消惡氣	성인의 교육을 수시로 하여 악기를 없애고
儒風到處起柔情	유풍이 도처에 유정을 일으키리라
青衿講誦孔朱笑	청금이 강송하면 공자·주자의 웃음이요
黎首謳歌堯舜瓊	백성들이 구가하면 요순의 옥이로다
擧國官民隨此訣	온 나라 관민이 이 비결을 따른다면
三千槿域日新榮	삼천리 우리나라가 날로 새롭게 영화로우리라

대구광역시 동구 **松坡 元 鍾 淑**

湯帝盤銘大德明	탕왕이 대야에 큰 덕을 밝게 새겼음은
萬民龜鑑寶樓成	만만의 귀감이 되는 보루를 이루었네
傾誠治國聖人意	치국에 정성을 기울임은 성인의 뜻이요
盡力修身君子情	수신에 힘을 다함은 군자의 뜻이라
日日尤新抽綠玉	날로 더욱 새로움은 녹옥을 뽑음 같고
時時漸確貫紅瓊	때때로 점점 확실하니 홍경을 펜 것 같네
若承後學眞其道	만약 후학이 참의 도를 잇는 다면은
不遠將來必有榮	멀지 않은 장래에 반드시 영화 있으리라

강원도 홍천군 **鳴岩 俞 炳 圭**

殷建盤銘政治明	은나라가 반명을 정치 이념으로 밝혀 세우니
新新日日未來成	일일신신 미래까지 새로움을 이룸이라
安民德化君王樂	안민에 덕이 군왕락에 변화하고
輔國仁慈聖主情	보국인이 성주정에 사랑함이라
衛正斥邪增寶鑑	위정척사에 보감을 더하고
轉災爲福返瑤瓊	전재위복에 요경이 돌아옴이라
紀綱確立千秋赫	기강확립이 천추에 빛이 나서
教育精神萬世榮	교육정신이 만세에 영화가 빛이 난다

경기도 수원시 **和堂 劉 善 鍾**

躬行彝倫教休明	군주가 몸소 이륜을 행하니 교화가 휴명하고
苟又日新君道成	진실로 다시 날로 새로워 군도를 이루네
舊邑革風慙桀志	구 도읍 개혁 바람이 걸왕을 부끄럽게하고
興都天德奮衷情	새 도성 천덕이 충정을 떨치게 하네
夏黎喜笑賓和珏	하나라 민초의 기쁜 웃음에 귀빈은 은은한 쌍옥이고
亳衆欽歌主燦瓊	박영 군중의 흠모노래에 주상은 찬란한 적옥이네
變化無窮難永保	변화는 무궁하여 길이 보전하기 어려운데
湯王守戒讚商榮	탕왕이 반계를 지켜 상나라 영광을 기리네

충청북도 제천시 **劉 永 童**

湯王自警盤銘明	탕왕 스스로 경계를 대야에 새겨 밝히니
德及而民仁道成	덕이 백성에 미쳐 인도를 이루었네
見遠行邇時改過	먼 곳을 보고 가까이에서 행하니 때로 허물을 고치고
修身立志日新情	몸을 닦고 뜻을 세우니 날로 새로운 정이라
洗除舊染清如露	구염을 씻어 제거하니 맑기가 이슬 같고
沐浴污心潤若瓊	오심을 세척하니 윤기가 구슬 같다
器物名文因去垢	반명한 좋은 글로 인하여 더러움을 버리니
止於至善萬年榮	지선에 그치니 만덕의 영화로다

경기도 고양시 **松泉 俞 完 濬**

殷鞶盤銘政治明	은나라가 반명에 새겨놓은 이념 정치로 밝게 하니
新新日日大功成	날마다 새롭고 새로운 큰 공을 이룸이네
安民德化君臣義	편안한 백성을 위한 군신간에 옳은 일이요
輔國仁慈聖主情	보국은 인자하신 성주가 하시려는 뜻일세
老士內心三尺璧	늙은 선비도 내심 삼척벽에 부딪히니
靑春歲月一枝瓊	청춘 가는 세월은 하나의 나뭇가지로 사물 미칭이네
傳承偉績江山燦	전승한 위적은 강산같이 찬찬함이요
敎育精神後裔榮	교육정신만이 후예들에 영화로다

경상북도 포항시 **愚峯 俞 鎭 晚**

湯辭苟日日新明	탕임금 말씀이 진실로 날마다 날마다 새롭게 밝히며
警戒盤銘記錄成	스스로 경계하는 글을 목욕 그릇에 새겨 기록으로 정리했네
堯舜傳統通效德	요순시대의 계통을 통하여 덕치를 본받고
聖人道脈治民情	성인의 도맥으로 백성의 사정과 형편을 봐가면서 다스리네
自天受命君權座	하늘로부터 병을 받아 임금의 자리에 앉으시니
四處諸侯迎佩瓊	사방의 제후들이 예복을 갖추고 맞이하네
仲虺伊尹相左右	중훼는 좌상 이윤은 우상으로 삼으니
商朝亳邑久繁榮	상나라 조정이 박읍으로 도읍하여 오래도록 번영하였도다

대구광역시 동구 碧岩 윤석금

湯之盤刻懿痕明	탕왕의 반각은 아름다운 흔적 밝고
古斥辛追賢政成	옛것을 물리치고 새로움을 추구하며 현정을 이루었네
陋有修身君子本	더러운 데 있어도 몸을 닦는 것이 군자의 본이요
醜觀洗目聖人情	추한 것을 보고는 눈을 씻는 것은 성인의 뜻이네
器刊自警爲師表	그릇에 새기고 스스로 경계하며 사표로 삼고
垢濯心齊似玉瓊	때를 씻고 마음을 가지런히 하니 옥경과 같네
留未新常連去裡	머무르지 않고 항상 새로움을 이어가는 속에
太平建國萬民榮	태평한 건국 만민들이 영광스럽구나

경상북도 예천군 秀峯 尹錫明

湯王聖德古今明	탕왕의 성덕은 옛날이나 지금도 밝고
盤銘精神盛世成	반명의 정신은 성세를 이루네
必是齊家修己意	필시제가는 수신의 뜻에서 오고
優先治國牧民情	치국의 우선은 복민의 정이네
斥邪減債華如玉	척사와 감채는 옥과 같이 빛나고
秉義恤貧式似瓊	의를 잡고 가난을 구휼은 옥과 같은 법이니
振作儒風先導裡	유풍을 진작하는 것을 선도하는 속에
子孫萬代願繁榮	자손만 대의 번영을 원하네

대구광역시 중구 **碧山 尹碩晙**

創造成湯太一明	성탕께서 나라 세워 천지 처음 밝히셔서
旱乾慈雨典型成	가뭄 끝에 단비는 본보기를 이루었네
維新日日新消息	유신은 나날이도 새로운 소식이요
明德時時潔性情	명덕은 때때로 성정을 맑게 하네
悔改追從彬錦繡	회개하고 따르면은 금수같이 빛이 나고
盤銘自警茂琳瓊	반명을 깨우치면 아름다운 옥 무성하네
官民叔世能全力	관민이 이 말세에 능히 힘을 다하여서
槿域長傳萬古榮	우리나라 만고에 영화롭게 장전하리

경상북도 예천군 **靑松 尹錫瀚**

盤銘自警湯思明	반명은 스스로 경계하는 탕왕의 생각을 밝힘이요
洗濯其心去惡成	그 마음을 세탁함은 악이 이룸을 버림일세
滌污日新治國意	더러움을 씻고 날로 새로움은 치국의 뜻일세
誠能至善牧民情	지선에 정성은 목민의 정일세
傳家聖訓開霽月	전가성훈은 개재월이요
振作儒風似磨瓊	유풍진작은 옥을 갈아놓은 것같고
將孝勸忠千世赫	권충장효천세혁이요
修仁積德萬年榮	어짐을 닦고 덕을 쌓음은 만년의 영화일세

경기도 수원시 **尹永茂**

洗淨塵埃大義明	진애를 세정하여 대의를 밝히고
湯銘溫故日新成	온고를 탕명하여 일신을 이루네
聖君意志千秋鑑	성군의 의지는 천추에 거울이며
英傑精神萬古情	영걸정신은 만고에 뜻이네
修己正心陶冶玉	수기정심으로 훌륭함을 도야하고
治人眞性敎磨瓊	치인진성으로 옥을 다듬듯 교마하네
斯文振作皆勤裏	사문을 진작하여 모두가 부지런함 속에
泰國安民永世榮	태국안민으로 영화가 영세하리

대전광역시 서구 **靜湖 尹用勳**

盤銘湯帝自身明	반명은 탕임금이 자신을 밝힌 것이니
明德新民止善成	명덕신민지선을 이루셨다네
堯舜協和雍擧族	요순은 화합으로 온 겨레를 화하게 하셨고
孔顔取法盡衷情	공자 안자는 그 법을 취하시어 충정을 다하셨다네
後生必效至仁行	후생은 반드시 지인의 행실을 본받나니
先覺惟爲溫潤瓊	선각은 오직 온윤한 구슬이 되어야 한다네
治國平天方策在	치국평천하의 도가 방책에 있으니
厥中允執泰享榮	윤집궐중을 한다면 크게 영화를 누리리라

서울특별시 종로구 **靑江 尹元孌**

湯作盤銘謹照明	탕임금께서 지으신 반명을 삼가 조명해보니
不休自警大名成	쉬지 않고 자경 하심이 큰 이름을 이루셨도다
先令我體除塵垢	먼저 내 몸으로 하여금 진구를 제거하고
後及他人化俗情	뒤에 타인에 미쳐 속정을 교화함이라오
治國家心深似海	국가를 다스리는 마음은 깊이가 바다와 같고
平天下道値凌瓊	천하를 평정하는 도는 값어치가 구슬을 능가한다오
日新日日尤新處	날로 새롭고 날마다 더욱 새롭게 하는 곳에
億兆蒼生總享榮	억조창생이 다 영화를 누릴 것이라오

전라북도 전주시 **尹在男**

偉哉聖敎最華明	위대하도다 성인의 가르침이 가장 빛나고 밝도다
湯帝盤銘禮道成	탕임금의 반명이 예와 도를 이루었도다
崇德精神當世志	덕을 숭상하는 정신이 당세의 뜻이요
敬天思想故人情	하늘의 공경하는 사상이 옛 사람의 정이로다
愛民正義千秋寶	백성을 사랑하는 정의는 천추의 보배요
爲國誠心萬古瓊	나라를 사랑하는 마음은 만고에 보배로운 구슬이로다
日日尤新眞爵貴	날로 새로워지고 더욱 새로워지면 참으로 귀한 작위요
繼承業績泰平榮	업적을 계승하면 태평하고 영화로우리로다

전라북도 남원시 **青谷 尹重熙**

日日新又日新明	나날이 새롭고 또다시 새롭고 밝아지리라
人和百事自然成	인화하면 백사가 자연히 이루어진다
球枝弓才彰底力	구기와 궁재는 국가의 저력을 빛내고
仁風德行布溫情	인풍과 덕행은 온정을 펴게 되리
湯夏殷商王國建	탕임금과 은임금 왕 나라를 세우고
詩書詠誦設筵瓊	시를 읊은 것은 경연을 편 것이요
吾韓社稷千秋赫	우리나라 사직이 영원토록 빛나리니
槿域看統一將榮	우리나라 통일영광 바라볼 수 있으리라

경기도 이천시 **舒衍 尹縣鎭**

湯示盤銘治德明	탕이반명으로 치덕을 분명히 보여주시니
新民日日又新成	신민을 날마다 하면서 또 새로 이루었네
濟生有欲羲黃志	복희황제뜻을 이어 중생을 두제하고
教化無瑕堯舜情	요순의 뜻을 따라 교화를 시키면서
放傑南巢慙口實	걸을 남소로 축출함과 구심을 부끄러워며
任賢北面用錘瓊	헌신을 북면으로 앉히고 저울추로 썼으니
子孫傳受後人鑑	자손에 전수하시어 후인의 귀감이 되었으니
永世享於天祚榮	영원토록 황제의 영화를 누리었다

충청남도 청양군 **社陵 尹 弘 洙**

善政湯王日月明	선정한 탕왕 일월처럼 밝으니
盤銘警誡泰平成	반명의 경계 태평 이뤘네
洗心棄惡作天性	세심기악은 천성을 지었고
練體導忠由聖情	연체도충은 성정을 따랐네
固守寬仁修己寶	고수관인은 수기의 보배요
端行道義爲邦瓊	단행도의는 위방의 옥일세
佞邪不惑玆非絶	영사불혹 이를 끊지 않으면
何世治民盍必榮	하세에 치민이 어찌 성하리오

부산광역시 부산진구 **鎬山 尹 熙 鐵**

湯王敎訓日如明	탕왕의 교훈은 해와 같이 밝아서
一讀盤銘萬事成	반명을 일독함으로 만사를 이루니
德業傳承鄒魯志	덕업전승은 추로의 뜻이요
綱常篤効洛閩情	강상독효는 낙민의 정이로다
破邪濟世能磨鏡	파사제세로 능히 거울같이 마음을 닦으며
顯正忠君可佩瓊	현정충군으로 가히 아름다운 옥을 드리운 듯 하니
溫故知新千載鑑	온고지신으로 천년을 거울 삼아서
開來繼往得光榮	개래계왕으로 영광을 얻을 것이로다

충청북도 충주시 丹石 李康千

湯之盤面露分明	탕왕의 반면에 분명히 드러난 것은
日日新銘大業成	날마다 새로운 것을 새기며 대업을 이루었네
改革仁風舒聖世	어진 풍속으로 개혁하여 성스러운 세상을 펴고
蕩平善政省民情	선정으로 탕평하여 백성의 뜻을 살피네
恒時布德如磨玉	항시 덕을 베풀기를 옥을 연마하듯 하고
每事施恩若貫瓊	매사에 은혜 베풀기를 구슬 꿰듯이 하네
格物致知能實踐	사물의 이치를 궁구함을 능히 실천하면
大韓八道亨繁榮	대한민국 전체가 번영을 누리리라

경상북도 포항시 草潭 李庚錫

湯王明德似陽明	탕왕의 명덕은 태양같이 밝아서
法古創新殷國成	법고창신으로 은나라를 이루었도다
日日修身知己策	날마다 수신함은 자기를 알아주는 채찍이요
時時止善濟民情	때때로 선에 그침은 백성을 구하는 정이로다
衣冠出仕搖懸玉	의관하여 벼슬에 나가니 현옥이 흔들리고
盥櫛回心比佩瓊	세수하고 머리 빗고 마음을 돌리니 패경에 비하리
惰性脫皮能愼獨	타성에서 탈피하여 신독을 능히 하여
盤銘爲鑑永光榮	쟁반에 새긴 명을 거울 삼으면 오래토록 광영 있으리

경기도 용인시 **東齊 李觀熙**

湯盤之句世光明	탕임금 글에는 세상을 밝게 하려 함이니
苟日新朝大國成	모든 일은 새롭고 또 새로워야할 것으로써 새나라 세웠다
禾穗收堆知聖道	벼 이삭 거두면서도 성인의 도를 배우고 알게 되고
果園結實覺賢情	과실 익는 것으로도 현인의 마음을 느끼는 것이다
儒風勤植氷栽寶	후학을 부지런히 배우게 해 얼음 깎아 보배 만들듯
經學耕耘雪碎瓊	경서를 배움에도 눈을 부숴 구슬을 만드는 것처럼
自古精禋天敎德	예로부터 성인의 가르침 열심히 모시고 하늘을 따르면
一心順理一樽榮	한마음으로 순리를 따름이니 한 잔 술로서 즐거움 누려

강원도 강릉시 **奭岩 李光明**

湯帝盤銘萬世明	탕임금은 반명을 만세에 밝히시고
康衢煙月樂園成	태평한 시대 평화로운 낙원을 이루셨네
時時謹敬無休志	때마다 삼가고 공경함을 멈추어 쉬려는 뜻이 없으시고
日日新惟莫止情	날마다 새로워지려는 생각을 그만두려는 뜻이 없으셨네
種德閭閻怡受寶	덕을 베푸니 촌민들이 보물을 받은 듯이 기뻐하고
施仁百姓好承瓊	인을 베푸시니 백성들이 아름다운 옥을 받은 듯이 좋아했네
唐虞善政能模倣	요임금과 순임금의 선정을 능히 본받으셨으니
舞鳳跳麟共享榮	봉황이 춤추고 기린이 뛰노는 태평성세 함께 영화로움 누리셨네

경상북도 포항시 **牛山 李光茂**

力踐盤銘天下明	반명을 힘써 실천하여 천하를 밝히면서
日新不退得仁成	날로 새로워지길 물리지 않아 어질다는 명성 얻었네
洗眼更執修身志	세안하며 수신할 뜻을 다시 붙잡았고
滌垢尤興養性情	때 씻으며 양성하려는 뜻 더욱 일으켰네
帝易嫌賢如瓦石	제왕이 현인을 기와나 돌조각처럼 싫어하긴 쉬웠지만
皇難樂諫似金瓊	황제가 간언을 금과 옥처럼 좋아하긴 어려운 법
五儕效則成湯鑑	우리가 성탕의 교훈을 본받아 따른다면
家國前程必有榮	가국의 앞길에 필히 영화가 있으리라

서울특별시 종로구 **海泉 李光善**

盤銘說曰日新明	탕왕이 반명에 설해 일신하기를 밝히니
不息研鑽慧眼成	쉬지 않고 연찬하면 혜안을 이룰 수 있다
霽月暸然魂振趣	제월같이 요연하여 혼을 흔들어 달리게 하고
清風瀟灑氣飛情	청풍같이 상쾌하여 기운 날게 하네
生知大聖澄臨鑑	생지대성은 밝아 거울에 임한 듯
自覺高賢燦佩瓊	자각한 고현은 빛나 옥을 친 듯하네
殊石金文無貴賤	석금은 다르지만 문의 귀천은 없는 것
人人進步享光榮	사람마다 진보하면 광영을 누리네

경상북도 영양군 **東江 李均太**

湯之盤銘善變明	탕지반명은 착하게 변화됨을 밝혔다
日新省察所望成	날로 새롭게 성찰하면 바라는 바를 이룰 수 있다
修身誡訓千秋鑑	몸을 닦는 계훈은 천추의 거울이요
種德箴言萬代情	덕을 펴는 잠언은 만대의 뜻일세
警世名文能似玉	세상을 놀라게하는 명문은 능히 구슬같고
嘆人妙句可如瓊	사람을 감탄하게하는 묘구는 가이 옥같네
後生勉學爲燈火	후생의 면학에 등불이 되며
槿域儒林必有榮	근역유림에도 반드시 큰 영화 있으리

충청남도 공주시 **李起月**

湯王斯文此時明	탕왕이 이 시기에 글을 강명하시다
儒敎孔子集大成	유교는 공자학문을 집대성하시다
庚辛年間疫病愁	경자 신축년에 역병으로 근심이 많구나
專門醫師棣岳情	전문의사 치료결구는 형제의 온정이요
泰山峻嶺楓喬木	높은산 고개길에 서 있는 아름다운 단풍나무여
美景良辰珠玉瓊	아름다운 경치 주옥을 포옹하구나
經濟昏亂剛克服	경제가 혼란할 때 강직한 자세로 극복하여
孝子不匱生存榮	우리 모두 효 실천 위주하여 생존 영광 받읍시다

경상북도 성주군 **岳皐 李 玳 烈**

湯帝盤銘大學明	탕임금의 반명을 대학에 발혔도다
日新素志太平成	날로 새롭게하는 본 뜻은 태평을 이루었네
施仁布德千秋業	인을 베풀고 덕을 폄은 천추의 업이요
濟世安民萬古情	세상 구제하여 백성 편안케 함은 만고의 정이라
龍躍黃河豊玳瑁	용이 뛰어 오르는 황하수에는 대모가 풍성하고
虎號崑岳滿金瓊	범이 부르짖는 곤륜산에는 금경이 가득하네
黌宮主管詩題裡	성균관이 주관하는 백일장 시제 속에서
涵養眞知豈不榮	참된 지식 함양하였으니 어찌 즐겁지 않으랴

경기도 안산시 **芸崗 李 德 根**

湯之盤面顯躬明	탕의 반면에 몸소 밝게 함을 드러내어
日日新銘大業成	"날마다 새롭게 하기를" 새기어 대업을 이루었네
教化仁風舒聖世	어진 풍속으로 교화하여 성스러운 세상을 펼치었고
公平善政省民情	선정을 공평히 하며 민정을 살폈네
恒時布德如磨玉	항시 덕을 펼치기를 옥을 갈 듯하고
每事施恩若貫瓊	매사에 은혜를 베풀기를 구슬을 꿰듯 하였네
乃器名文能實踐	이에 그릇의 명문처럼 능히 실천한다면
三千槿域益繁榮	삼천리 근역은 더욱 번영하리라

경상북도 포항시 **兄江 李 東 杰**

湯帝盤銘日日明	탕황제 반명에 매일 신명나게
中原天下革新成	중원 천하에 혁신을 이루니
年年暢暢邦民德	년년이 화락은 나라와 백성의 덕이요
世世生生聖主情	대대로 왕성함은 성주의 뜻이로다
夏桀無能權道朽	하나라 걸왕은 무능해서 권도가 후목이요
殷人勸戒法綱瓊	은나라 사람들의 권계는 법강이 금경드라
四時地本遵行實	사시지본에 준행충실하면
君子忠良敬愛榮	군자는 충성과 인량 경애가 영화롭도다

광주광역시 광산구 **碧江 李 東 煥**

湯王浴桶句銘明	탕임금은 욕통에 자경구를 새겨놓고
恭己修身警戒成	자기를 공손히 하고 수신하며 경계했네
逐出暴君回善性	폭군을 축출하여 선성을 회복하였고
豪奢美酒卓寃情	좋은술 사치는 원망한 감정이 높았네
日新盛德民如玉	날마다 새로워 성덕하니 백성이 옥 같고
時勢無邪常似瓊	시세에 간사함이 없으니 상나라는 옥빛 같네
建國古辭稱聖訓	건국고사에 성인의 가르침을 칭송하오니
千秋軼事後生榮	천추의 지나간 일이 후손에게 영광이네

부산광역시 기장군 **林泉 李邦浩**

湯銘省察日新明	탕왕은 반명의 글귀로 날마다 새롭게 밝혀서
亂世匡矯善政成	난세를 바로잡아 선정을 베풀었도다
官吏修齊須治德	관리들이 수신제가를 하니 모름지기 덕으로 다스려지고
衆民恭敬始生情	백성들은 서로 공경하니 비로소 정이 생겨나도다
英才推擇萬人鏡	영재를 가려 등용함은 만인의 거울이요
道義宣揚千歲瓊	도의를 선양함은 천세의 보배로다
儒會葛藤和合致	유림갈등을 극복하여 화합을 이루고
聖賢教訓永年榮	성현의 가르침을 깨우쳐서 오래토록 번영하리라

서울특별시 중랑구 **榆泉 李祥斗**

日日新新萬古明	날마다 새롭고 새로웠으니 만고에 현명하였고
湯王不忘必然成	은나라 탕왕은 잊지 않고 반드시 이루었네
安民福祉傾心志	백성이 편안함과 복지에 마음을 기울이고
國泰平和盡力情	나라가 태평하고 평화에 정성으로 힘을 다했네
擊壤高聲希願處	격양가 높은 소리가 곳곳에 들리기를 바라고
曲肱深睡懇望瓊	곡갱하고 깊고 편안하게 잠들기를 갈망하였네
康衢煙月無窮裏	강구연월이 무궁한 속에
虞舜堯天永遠榮	우순과 요임금 시대가 영원히 번영하였도다

대구광역시 북구 **李 相 妙**

日新聖訓日如明	날로 새롭다는 성현의 훈계가 해와 같이 밝으니
後學遵行感化成	후학이 따라 행하니 마음에 감화를 이루네
警句常思堅意志	경구를 항상 생각하니 의지가 견고하고
名言每念刻心情	명언은 매양 마음 새기기를 생각하네
萬人暗誦爲龜鑑	만인이 생각하니 귀감이 되고
百世長傳作玉瓊	백세에 전하면서 옥경을 지으리라
若使君王從此計	만일 군왕으로 하여금 이로 쫓아 계획하면
邦家必有大繁榮	나라와 집에 크게 번영하리라

울산광역시 남구 **蕙堂 李 相 順**

湯王德政日新明	탕왕의 덕 정치는 날로 새롭게 하여 밝게함이라
自警盤銘至義成	스스로 반명하여 경계해서 지극한 뜻을 이루셨네
濟世恒思憂國意	세상 구제함을 항상 생각하여 나라를 걱정한 뜻이었고
布仁不忘爲民情	인을 펴서 잊지 않고 백성을 위하여 정을 하셨네
綱常聖教何非寶	강상성교가 어찌 보배롭지 않으며
道學儒風又若瓊	도학유풍 또한 옥같네
倫理硏磨能實踐	윤리를 연마하여 능히 실천함은
斐然遺訓永年榮	비연한 유훈이 영년히 성하리라

경기도 수원시 **月松 李相郁**

蒼氓振作日新明	날로 새로워지도록 백성을 진작하여 밝게 하고
湯帝徂征夏滅成	탕왕은 조정하여 걸주를 멸하였네
改革殫誠憂國志	정성 다해 개혁하니 나라를 근심하는 뜻이고
更生盡力愛民情	힘을 다해 갱생함은 애민의 정이로다
傳承美俗羞被錦	미속을 전승케 하여 비단옷 입으면 부끄러워하고
敎化淳風厭佩瓊	순풍을 교화하여 패옥을 싫어하게 하였도다
自警盤銘勞實踐	자경하려고 우일신을 대야에 새겨서 실천에 힘쓰니
殷邦偉業企繁榮	위업을 이루어 은나라가 번영하려고 기도한 것이라

충청남도 공주시 **峨堂 李性雨**

萬姓維新賴德明	만백성이 새로워짐 내 덕 먼저 밝혀야하니
止於至善箇中成	두 가지의 지어지선도 그 속에서 이루어지네
時時沐浴淸身軆	수시로 목욕해서 몸 깨끗이 한 것처럼
處處存省養性情	일마다 존양성찰 본래의 성정 양성된다
要諦在吾尋矩律	요체는 나에게서 모든 법도를 찾아야하니
侈心笑彼飾瑤瓊	사치스런 저들은 궁전만 구슬로 꾸민다네
湯王當日行斯義	탕임금은 그 당시에 이러한 의리 실천했으니
所以大名千古榮	때문에 위대한 명성 천고에 영광되도다

대구광역시 달서구 **李 淳 子**

湯帝盤銘苟日明	탕제반명은 진실로 날마다 새로움이 밝혀지고
讀惺正顯惡消成	득성하면 바른 길이 나타나고 악이 소멸되도다
遵修禮義從天道	예의를 준수하며 몸을 닦으면 천도를 따르게 되고
養性綱常肇國情	강상에 기반한 양성 하면 나라를 일으키는 정성이도다
善政仁風長錦繡	성정인풍에 길게 비단을 수놓은 것이 되고
經綸德化茂琳瓊	덕화경륜은 옥림에 옥을 더한 것이고
新民澤彼咸怡俗	신민은택을 입어 모두 즐거워 하니
聖子遺芳必有榮	성천자의 남은 향기로 반드시 나라가 광영 하리라

경상북도 예천군 **茅雲 李 昇 勳**

殷祖盤銘新日明	은조의 반명에는 날마다 새로움을 밝혔으니
至公至大自天成	지공지대하여 스스로 하늘을 이루었네
聖君體範全素性	성군이 몸으로 모범을 보인 것은 본디 성품이 온건하고
黎首躬行盡忠情	백성들의 몸으로 행동하는 것은 충정을 다함이네
民族精神龍獻寶	민족정신은 용이 헌납한 보배요
星霜敎訓鹿懷瓊	세월이 주는 교훈은 녹회의 옥이로다
德以濟世平安裏	덕이 제세하여 평안함 속에서
擊壤歌高萬古榮	격양가 높으니 만고에 번영하리라

대구광역시 달성군 **寒潭 李永燉**

湯銘自警戒辭明	탕왕의 반명은 스스로 경계하는 말을 밝혔고
大道存於至善成	대학의 도는 지선을 이룸에 있도다
時習以威傾意志	의용(儀容)으로 시습하여 의지를 기울이고
日新其德盡心情	덕으로 날마다 새롭게 심정을 다하여
名文篤行資攻玉	명문의 돈독한 행실은 공옥의 바탕이 되고
刻字淸談望報瓊	각자한 청담은 보경으로 바라는 바 되네
鼓舞烝民催振起	증민을 고무하여 진기토록 재촉하면
吾邦歲歲永繁榮	우리나라는 세세로 영원히 번영하리라

대구광역시 중구 **李永昌**

湯王盛代日新明	탕왕성대에 나날이 새롭게 밝혀지니
惺讀盤銘治道成	성독에 반명하니 치도를 이루었네
禮義修心無極理	예의를 지키며 수심하니 극이 없는 이치로다
彛倫養性太和情	의륜양성에 태화정이로다
仁風善政千秋鑑	인풍선정은 천추거울되고
德化經綸萬古瓊	덕화경륜은 만고에 옥이로다
澤彼黎民咸有寵	택되려면 이 모두 은총을 받아
通天聖業是光榮	통천성어이 이에 광이이의 지도다

경상북도 문경시 **해봉 李永熙**

又新日日闡明明	나날이 새로움을 밝힘에
克服危機刻印成	위기극복을 각인함이라
覺醒精神全素性	각성정신으로 깨끗함이요
正心修己盡衷情	바른 마음 닦기에 진충하는 정이다
古今法例資培玉	고금법제는 재물을 이루는 옥이요
溫故盤銘望報瓊	온고반명으로 옥을 바라도다
痼疾愁雲誰識破	고질병 구름 뉘 담고 파할꼬
健康自我享恩榮	자신 건강으로 영화를 누리도다

강원도 동해시 **三和 李鎔珪**

隆盛邦家在德明	융성하는 나라는 밝은 덕을 밝게 하는데 있으니
新民大業日新成	신민의 대업을 날마다 새롭게 이루도다
破邪顯正施仁政	파사현정하야 어진 정치 베풀고
濟弱扶傾布愛情	제약부경하야 애정을 펼치도다
三領修行常對鏡	삼강령을 수행하니 늘 상 거울 대면하는 것 같고
八條實踐更磨瓊	팔조목을 실천하니 다시 옥을 연마하는 것 같도다
自疆不息先匡合	자강불식하야 먼저 바로잡고 화합하면
天運循環必有榮	천운이 순환하야 반드시 영광이 있으리라

대구광역시 동구 **夷山 李鏞玉**

湯帝盤銘再照明	탕임금의 반명을 재조명함에
必須治者要箴成	치자는 반드시 중요한 경계로 삼아야한다
至尊自省爲龜鑑	지존은 자성을 귀감삼고
御極躬行察世情	어극에서는 궁행으로 세정을 살피라
百姓欽崇君主德	백성은 군주의 덕을 흠숭하면
庶民推仰冕旒瓊	서민들 면류관으로 추앙하리라
日新苟日尤新卽	날로 새롭고 진실로 날로 더욱 새로우면
煙月康衢萬古榮	강구연월은 오래도록 번영하리라

충청북도 괴산군 **錦巖 李元極**

東村問酒菊花明	술을 물으니 동촌에 국화명이라
奇景故山難畵成	고향에 경치가 좋으니 난화성이요
風月名人今世事	명인풍월이 금세사요
以空有夢里鄕情	이 하늘에 유몽하니 향리의 정이라
白金三寶錦丹繡	삼보가 백금하니 붉은 비단의 수놓음이요
雪碎一枝琳茂瓊	한 가지의 눈조각이 아름다운 무경이라
天上閒雲多敍捲	한가한 구름, 하늘 위에 다서권이요
地中凡草謾枯榮	범초가 지중에 만고영이라

경기도 성남시 **淸江 李潤均**

苟日新新又日明	진실로 날로 새롭 거듭 새로움을 날로 밝히고
盤銘思想必完成	반명 사상 반드시 완성되리라
洗心去惡每傾力	악을 씻어 악을 버림을 매양 힘 기울여야 하고
除垢浴身恒盡情	때를 제거함에 몸목에 항상 정 다해야 하네
治政以仁施以德	정사를 다스리는데 인으로 하고 베풂을 덕으로 해야 하며
爲民如子愛如瓊	백성을 다스림에 자식같이 하고 사람을 옥같이 해야 하느라
河淸海晏於斯在	세상과 나라 태평함이 이에 있으니
敦篤邦家萬世榮	돈독하면 방가가 만세토록 영화로우리라

경상남도 밀양시 **竹靑 李應洛**

日新自警寸心明	날마다 새롭게 자경하며 마음을 밝혀가며
湯主盤銘善政成	탕임금의 대야에 새겨 선정을 이루었네
布德交人治國意	남에게 덕을 베풀며 치국하는 뜻이요
至誠接物牧民情	접물에 지성으로 목민하는 정이로다
先賢感化胸中鑑	선현은 감화되어 가슴에 거울삼고
後學薰陶腦裏瓊	후탁은 훈도받아 뇌리에 옥같이 빛나도다
以食爲天曾務本	이식위천하여 일직이 근본에 힘을 쓰며
肇殷崩夏子孫榮	夏를 무너뜨리고 자손이 영화로웠네

대구광역시 남구 **又玄 李應春**

湯之盤上劃鮮明	탕임금의 반상에 선명한 획으로
日日新銘大訓成	일일신을 새겨서 대훈을 이루었네
百姓薰陶明主志	백성을 훈도하는 명주의 뜻이요
愚民教化聖人情	어리석은 백성 교화하는 성인의 정이라
三言絕句千秋鑑	삼언의 절구는 천추의 거울이요
九字文章萬古瓊	아홉 글자 문장은 만고의 옥이네
只願誠心磨琢裏	오직 원함은 성심으로 갈고 닦는 가운데
吾韓必是得光榮	우리 한국은 필시 광명을 얻으리라

울산광역시 울주군 **時中 李仁杰**

湯王德性古今明	탕왕의 덕성이 고금에 맑아
天命盤銘帝業成	천명을 그릇에 새겨 제업을 이루었네
修己治人千載事	제가 하여 치인함이 천년의 일이고
誠心止善萬年情	성심 하여 지선 하니 만년에 정이라
大同社會貴於寶	대동사회는 보배보다 귀하고
福祉邦家嘉似瓊	복지국가는 옥같이 아름답노니
聖道傳承勖教化	성도를 계승하여 교화에 힘쓴다면
諸民宇內享繁榮	천하에 온 백성이 번영을 누릴 걸세

제주도 제주시 **海言 李 仁 奉**

湯盤銘曰克仁明	탕왕의 반명이 이르길 능히 인을 밝히고
苟日日新新又成	진실로 날마다 새롭고 새롭게 또 이루다
廉白道心唐宋格	청렴하고 결백한 도심은 당송의 격이요
信崇儒學魯鄒情	신앙하여 존숭한 유학은 노추의 정이다
事親愛讀詩如玉	어버이 섬김에 옥같은 시경을 애독하고
爲國堅持志似瓊	나라를 위함에 옥같은 지의를 견지하다
今月月將尤尚古	지금 달마다의 진보에 더욱 상고하니
三千槿域永光榮	삼천리 우리나라 길이 광영되리라

경상북도 영주시 **龍南 李 在 島**

商湯聖德古今明	상나라 탕임금의 성덕은 고금에 밝았는데
嘗作盤銘警戒成	일찍이 지은 반명으로 경계를 이루었네
惡去其心恒淨意	악을 제거한 그 마음은 항상 뜻이 맑고
垢清厥體每鮮情	때를 씻어 맑게한 그 몸은 매양 그 뜻이 곱기만 하네
帝王日日民思寶	제왕은 날마다 백성을 보배같이 생각하고
宰相新新國事瓊	재상은 더욱 새롭게 나라를 구슬처럼 섬긴다네
天下昇平祈願裡	천하를 승평함을 기원하는 속에
專承道學益光榮	오직 도학을 이어오니 더욱 영광스럽구나

경상남도 함양군 **晩隱 李 載 然**

中庸大學玉章明　　중용·대학의 옥장은 밝으니
悟道修身治國成　　도 깨닫고 몸 닦으며 치국을 이루네
五德流傳光世俗　　오덕의 유전은 세속을 빛내고
三綱秩序正人情　　삼강의 질서는 인정을 바로 세우네
朱熹性理知天法　　주희의 성과 이는 하늘 깨우치는 법
孔子忠仁覺志瓊　　공자의 충과 인은 듯을 깨우치는 구슬
賢聖自强先實踐　　성현의 자강은 실천을 우선했으니
切磨箴戒起倫榮　　절마잠계가 영광을 일으킨다네

전라북도 전주시 **이 재 웅**

聖君叡智日華明　　성군에 예지가 빛나고 밝으며
湯德盤銘禮道成　　탕임금의 덕은 반명하여 예도가 이루어졌네
爲國平和多少事　　나라를 위한 평화는 적은 일에도 많고
愛民正義去留情　　백성을 사랑한 정의는 오고 가는 정이로다
敬天萬意三星壁　　하늘을 공경한 만 가지 뜻은 삼성에 보배요
仁衆千心一尺瓊　　백성을 사랑하고 천심은 한자나 되는 구슬이로다
日日新新亨富貴　　날로 날로 새롭고 새로우니 부귀롭고 형통한데
乾坤上下馬頭榮　　건곤상하에 마두에 영화로다

경상북도 영주시 **菡塘 李 載 恒**

湯王聖德瑞光明	탕임금의 성덕이 서광이 밝으며
警戒盤銘大業成	반명을 경계삼아 대업을 이루시며
治國新新恒盡力	치국을 새롭게 항상 힘을 다하며
齊家日日每傾情	제가는 날마다 매양 뜻을 기울이며
害人退斥千秋鑑	해인을 퇴척하며 천추에 거울이요
悖禮排除萬古瓊	패예을 배제는 만고에 옥이요
受命於天修善政	하늘의 명을 받아 선정을 닦으며
惟民求得永繁榮	오직 백성은 구득하여 영원히 번영하리요

광주광역시 서구 **磻溪 李 正 淑**

明德維新永世明	밝은 도가 새로워지면 영원토록 세상을 밝히니
萬邦民化樂生成	만방의 백성이 덕화를 입어 그 생을 즐기네
垢心洗滌除私慾	때 묻은 마음을 씻어내고 사욕을 제거하면
清道修行理俗情	맑은 도를 닦고 행하여 속된 정을 다스리네
治國分權平似水	나라를 다스려 권력을 나누면 물처럼 평평하고
恤貧開庫美於瓊	창고를 열어 가난을 도와주면 그 마음은 옥보다 곱네
君臣務本儒風起	군신이 본무에 힘쓰고 유풍을 진작시키면
施政堂堂最大榮	시정이 당당하니 최대의 영예가 되네

서울특별시 성동구 東垿 李定栽

殷湯朝夕省心明	은나라 탕왕은 조석을 마음을 살펴 밝혔나니
自戒盤銘聖帝成	자계한 세숫대야의 새긴 글이 성제를 이루었네
堯日承傳溫故意	요임금의 시대를 이어 전함은 온고의 뜻이요
桀天壞滅創新情	걸왕조를 괴멸함은 창신의 정일세라
一枚錫皿如開鑑	한 개의 석명은 거울을 펼친 것같고
九字金文若串瓊	아홉 자 금문은 구슬을 꿴 것같구나
經國濟民誠力盡	경국제민에 성력은 다하였으니
德華滿發萬民榮	덕화가 만발하여 만민이 영화로웠다네

서울특별시 종로구 이종관

日日尤新教訓明	나날이 새롭고 새로우라는 교훈은 목욕 대야에 분명히 새겨져 있으니
沐中每覽聖君成	탕왕은 목욕 중에 매양 이를 보셨을 터 반드시 성군이 되시겠네
殷王陶陶萬年愛	은나라 탕왕은 흐뭇하게 목욕을 즐기시며 만년의 사랑을 백성에게 내리시고
舜帝峨峨千里情	또한 그는 순임금처럼 높은 덕으로 다스려 백성에게 천리의 정을 보내시는 도다
累頃波光如弄玉	목욕물의 만경창파의 빛 같은 구슬을 희롱하는 것 같은데
溫泉濤影似瑤瓊	따뜻한 목욕물에 일어나는 파도의 그림자는 구슬을 달았구나
爛春御苑艷花笑	난만한 봄날 나라 동산의 고운 꽃은 웃음을 띠었는데
太古青山松柏榮	태고 청산에 서 있는 송백은 영화롭도다

경상남도 산청군 **李 宗 圭**

日日新工又日明	일일신을 공부하여 또 일신이 밝으며
湯盤銘曰苟眞成	탕임금 반명은 진실로 참되도다
千思正覺名文視	올바른 깨달음과 명문은 천의 생각으로 보고
萬慮原由變化情	만려원유의 정도 면화하도다
過去非違恒懺悔	과거 비위는 항상 참회를 하고
未來營爲可能瓊	미래를 영위하면 아름다움이 가능할 것이다
先師學問無窮裡	선사의 학문은 무궁함이요
偉大人間發展榮	인간은 위대한 발전으로 영화로울 것이다

울산광역시 울주군 **李 鍾 根**

湯辟盤銘寶訓明	탕왕의 반명은 보배로운 훈계임이 분명하여
蒸民躍進志形成	백성이 빠르게 진보하는 의지가 이루어졌다
綺年逸樂陶傷嘆	소시의 일락은 슬픈 탄식을 기르고
累歲硏修勵熱情	연년이 깊이 연구하고 닦음은 열정을 북돋운다
蘸破今文優皎鏡	새로움을 깨닫게 하는 금문은 밝은 거울보다 뛰어나고
彛倫古典勝瑤瓊	사람이 지켜야 도리의 고전은 아름다운 옥보다 낫다
從箴實踐施功國	잠언따라 실천하여 나라에 공을 베풀면은
日日又新倍達榮	나날이 또 새로워 우리나라 번영하리

경기도 포천시 **淸溪 李 鍾 文**

湯之敎化一如明	탕임금의 교화는 하나같이 밝고요
自警盤銘善政成	자경하는 반명으로 선정을 이루셨도다
扶植綱常君子節	강산을 부식함은 군자의 절개요
宣揚道義故人情	도의를 선양함은 고인의 뜻이로다
大儒簡潔端衣錦	대유는 간결하게 단의로 아름답고
公爵玲瓏白玉瓊	공작은 영롱한 백옥으로 단장하였도다
沐浴修身除垢穢	목욕하고 수신하면 구예를 제거하며
聖賢欽慕到家榮	성현을 흠모하면 가정에 영화가 도래하리라

경상북도 문경시 **悳光 李 鍾 文**

湯帝盤銘人性明	탕임금이 쟁반에 새겨 인성을 밝게 하셨는데
日新日日苟新成	날로 새로워지면 날마다 진실로 새로움을 이루네
恒時默讀更張意	항시 묵독하며 잘못을 고치고져 하는 뜻이요
每樣深思自省情	매양 심사하며 스스로 깨우치고져 하는 뜻이네
修養心身淸似玉	심신을 수양하면 구슬같이 깨끗해지고
磋磨道學燦如瓊	도학을 차마하면 구슬같이 빛나네
止於至善躬行裡	지극히 선한 경지에서 머무름을 몸소 행하는 속에
其極精誠萬事榮	그 정성을 극진히 하면 만사가 영화롭네

부산시 북구 **白齋 李 淙 榮**

盤銘九字照心明	반명 아홉 자는 마음에 들어와 밝았네
從此湯王大業成	이로써 탕임금은 큰 업적을 이루었구나
耽讀嘉模消俗氣	가모를 즐겨 읽으며 속기를 없애고
每看要訣叙新情	매양 요결을 보면서 새로운 정을 도우네
須求養成如藏寶	모름지기 양성을 구함에 보배같이 감추고
苟欲修身恰佩瓊	수신하고자 하면서 옥을 찬 것과 같았네
行篤言忠朝夕警	행독언충하며 조석으로 경계하니
世人又誦被恩榮	세인도 또 외워서 은영을 입었네

고양시 덕양구 **牛谷 李 鍾 澳**

修身治世始湯明	수신치세의 가르침은 처음 탕왕이 밝혔고
孔孟以來儒道成	공맹이래로 유교의 도가 되었네
一國主君俱懿德	한나라 군왕이 큰 덕 갖추면
千村萬姓被恩情	천촌만성이 은정을 입게되네
心經老士貴如寶	심경으로 늙은 선비 보배처럼 귀히 여기고
音譜歌人愛似瓊	음보를 노래꾼은 구슬처럼 아끼네
啓導人生賢聖訓	인생을 계도하는 현성들의 가르침을
恭謙習熟有家榮	공경하고 겸손하게 배우고 몸에 익히면 집안에 영예가 있으리라

강원도 양양군 **又泉 李鍾禹**

盤銘座右萬年明	반명의 좌우명에 한결같이 밝아지니
苟日維新福地成	진실로 날로 유신의 복지를 이루리라
疏廣退離行雅道	漢나라 소광은 물러나서 올바른 길로 나아가고
陶潛歸去復高情	東晉의 도잠은 돌아가서 고상한 마음 회복했다
東西協助天心鑑	동서가 협조함은 천심의 거울 되고
南北相扶國運瓊	남북이 협조함은 국운이 구슬 같으리
溫故窮硏謀躍進	옛일을 깊이 연구하여 약진을 도모하면
揚揚槿域必繁榮	양양한 근역에는 반드시 번영만이 있으리

경상북도 울진군 **紫松 李鍾赫**

盤銘警戒日新明	반에 새긴 경계 문으로 일신을 밝히니
治國湯王懿德成	탕왕의 치국은 아름다운 덕으로 이루었도다
百姓繼承仁者志	백성이 임금 뒤를 이으니 어진 자의 뜻이요
聖君省察愛民情	성군이 알뜰히 보살피니 애민의 정이로다
太平歲歲言煌玉	태평한 세월의 말씀은 빛나는 옥이요
善政年年行振瓊	선정을 해마다 하니 행실이 옥처럼 떨치네
思墜居高靑史赫	거고사추 알았으니 청사에 빛나고
大同福地自鞭榮	대동복지는 스스로 채찍 쳐 꽃피웠다오

서울특별시 서초구 **佳林 李 重 敎**

盤銘遷善日新明	탕임금 반명으로 천선하니 날로 새롭게 밝아지고
自得良師國泰成	훌륭한 스승 자득하니 태평한 나라 이루었네
施德名聲揚世俗	덕을 베푼 명성으로 세속에 드날렸고
崇仁勳業越人情	인을 숭상한 훈업으로 인정도 월등하게 했네
治民竭力承如寶	힘을 다해 백성 다스림 보명같이 받들었고
爲政傾誠愛似瓊	정성으로 정사 행함은 선물처럼 귀하게 했네
湯主警言能實踐	탕임금의 경계하는 말을 잘 실천한다면
誰何不害益繁榮	누구에게도 아무 해로움 없이 더욱 번영하리라

서울특별시 강북구 **冠峰 李 昌 杰**

踐極商湯德政明	상나라에 등극한 탕왕은 덕스런 정치로 밝혔고
盤銘警句使功成	반명의 경구로 인해 공을 이루었네
太宗日日忠誠意	태갑은 날마다 충성의 의지를 가졌으며
伊尹朝朝輔弼情	이윤은 아침마다 임금을 보좌하는 성심이었네
棄慾修身君子鑑	욕심을 버리고 몸 닦음은 군자의 귀감이요
淸心經國士官瓊	마음을 깨끗이하여 나라 다스림은 사관의 보배일세
三驅法本基仁治	탕임금의 삼구법은 본래 어진 정치의 근본이고
天命應從竹帛榮	천명을 그대로 따르니 죽백에 오르는 영화가 있었네

경상북도 영주시 **錦絅 李昌京**

湯主盤銘德欲明	탕임금이 세숫대야에 새김은 덕을 밝게 하고자 함이었으니
日新之語大綱成	날마다 새롭게 한다는 말이 큰 줄거리를 이루었네
洗心去惡中清意	마음을 씻어 악함을 버린 것은 속을 맑게 할 뜻이고
盥面除塵外潔情	얼굴을 씻어 먼지를 제거함은 밖을 맑게 할 뜻이네
無垢胸襟如霽月	때가 없는 흉금(가슴)은 갠 달과 같고
有光形體似磨瓊	빛이 있는 형체는 갈아놓은 옥 같네
始終自警因臨政	처음에서 끝까지 스스로 경계함으로 인하여 정사에 임하여서
濟世安民遂享榮	세상을 구제하고 백성들을 평안하게 하여 드디어 영화를 누렸

대구광역시 달서구 **松潭 李昌雨**

湯盤銘刻日新明	은나라 탕왕의 목욕통에 길이 새긴 日日新이 밝기도 하구나
自勵警醒祈願成	스스로 잘못이 없도록 미리 조심하며 소원을 이루었네
良計闡揚匡世業	좋은 계책을 천양하여 세상을 바로 잡을 업을 이루고
舊洿打破恤民情	묵은 때를 타파하여 백성을 구제하고 정을 베풀어야 하리
惟精專一望琥璉	마음을 전일하게 하여 국가를 다스릴 인재를 바라야 하고
允執厥中期樹瓊	정성껏 중정의 도를 지켜 인격이 고결한 자를 찾아야 하리라
堯代舜年從且得	요대순년의 태평성대를 얻어 이루어진다면
聊知善政國繁榮	애오라지 선정이 이루어져 나라가 번영하리라

경상북도 문경시 **栢岩 李忠載**

湯銘誓誥意探明	탕지반명에 맹세하여 고한 글 뜻깊고 밝아
天命眞知鴻業成	천명을 참되게 알아 홍업을 이루었네
修德撿身彈義氣	덕을 닦아 자신을 점검함에 의기를 던졌고
憐窮施惠振衷情	궁함을 가련히 여겨 혜택 베풂에 충정을 떨치었네
日新月盛千秋鑑	일신월성 천추의 거울이고
古長今滋萬古瓊	고장금자(옛것 끌려 지금에 무성함) 만고의 옥경일세
能遂五常行篤實	오상을 능히 이룩하여 행실에 독실하니
平章之世起華榮	백성을 잘 다스린 세상에 화려한 번영 일으켰네

경상남도 밀양시 **毅山 李泰浩**

修身爲本正心明	수신에 근본은 마음으로 바르게 밝히면서
弊習追隨善德成	폐습에 따르지 않고 착한 덕행을 이루는 것이다
扶植綱常傾努力	강상을 부식함에 노력을 기울여야 하고
宣揚禮義盡眞情	예의를 선양하도록 진정을 다하여야 하네
安貧樂道如佳寶	안빈낙도는 아름다운 보배와 같고
素志敦仁似佩瓊	평소 뜻은 인을 두텁게 함으로써 패옥과 같음이라
漲溢塵襟須不染	넘치는 속된 생각들에 물들지 않으니
座銘胸刻日新榮	좌우명으로 가슴에 새기니 날로 새롭게 영화롭다

충청남도 서천군 **芝隱 李伉珪**

湯之稟性至淸明	탕임금 품성이 지극히 청명하여
恒讀盤銘聖主成	항상 반명 읽어 성주가 되시었네
戎狄防除安國俗	융적을 방제하여 국속이 편안했고
義師出征悅民情	의사를 출정하여 이정도 기뻐했네
威儀自若嚴天使	위의는 자약하여 엄한 천사와 같고
戒愼眞如奉佩瓊	계신함은 참으로 봉패경과 같도다
日日新新誠敬裏	날마다 새로워지는 성경 속에서
殷商又立治平榮	은상을 또 세워서 다스림이 영화롭네

대구광역시 남구 **芋堂 李憲瑛**

日日新新日月明	나날이 새롭고 새로우니 해와 달도 밝으며
盤銘大地德功成	은나라 왕의 세면기 새긴 글이 온세상에 덕과 공을 이루었네
遺風振作長難倒	유풍을 진작하여 오래도록 무너지지 않으며
敎化悠然衆庶情	모든 백성에게 마음의 정을 널리 펴서 교화 했네
道義宣揚民導善	도의를 선양하여 백성을 선도하며
放心克復後生瓊	방심을 극복하면 후세에 옥이로다
恪遵防疫平安國	역병방역에 정성껏 지킴으로 편안한 우리나라
固守儒興萬古榮	유도부흥을 지킴으로 만고에 빛나리라

경상북도 포항시 **愚石 李 煥 植**

湯王治國最賢明	탕왕께서 나라를 다스림이 가장 현명하셨으니
垂範盤銘聖代成	반명을 모범을 보여 성대를 이루셨도다
明德新民傾素志	덕을 밝히고 백성을 새롭게 하는데 소지를 기울이고
修身格物盡衷情	몸을 닦고 사물을 궁구하는데 충정을 다했도다
千秋懿蹟輝如玉	천추에 훌륭한 업적은 옥과 같이 빛나고
萬古芳名燦似瓊	만고의 꽃다운 이름은 구슬같이 빛나도다
海晏河清誰不願	태평한 세상을 뉘라서 원하지 않으리오
賴斯百姓享繁榮	이를 힘입어 백성들이 번영을 누리었네

대구광역시 수성구 **德翁 李 熙 泰**

湯矣盤盟自警明	탕의반명은 자신의 경계를 밝히고
日新可略必然成	날로 새로움은 옳은 계략이며 반드시 이루어진다
洗心惡去不移志	세척하며 마음의 악을 제거하고 뜻은 옮기지 않으니
浴己垢除無變情	목욕신체며 때를 없애고 정은 변화가 없다
句句眞言千世鑑	구구의 참말천세의 귀감이고
聯聯正說萬秋瓊	연려의 바른 설명 천추의 구술이다
稽之古聖人能見	삼고하며 고성을 사람이 능히 볼수 있으며
效則殫誠亦有榮	법칙을 본받으며 성을 다하고 역시 영화가 있다

광주광역시 서구 **林炅桓**

每視盤銘戒用明	때때마다 반명을 보고 경계로 삼아 밝으셨고
湯王德化泰平成	탕왕의 덕화로 태평을 이루었네
其書日親全行義	그 글은 일신인데 모두가 바른 일을 행하였고
九字變遷總性情	아홉 글자는 변천인데 모두의 마음에 품은 정이네
團結人和皇國本	인화하는 단결은 황국의 근본이요
修磨倫理衆民瓊	수마하는 윤리는 많은 백성의 구슬이네
至嚴聖訓從恭遜	엄한 선인의 교훈을 공손히 따라주니
種族更觀見顯榮	기쁨을 바꾼 종족에게 밝은 영화를 보이셨네

경기도 포천시 **邃菴 任 文 鎬**

聖賢訓戒古書明	성현의 훈계 고서에서 밝히고 있으니
萬句金言克己成	만구의 금언으로 극기를 이룰 수 있네
四勿殫誠敷世意	사물 탄성으로 세상에 뜻을 펴고
三綱盡力展麟情	삼강진력으로 이웃간 정을 펼쳐야 하네
程朱理氣如靑玉	정자, 주자의 이기는 청옥과 같고
鄒魯人心似赤瓊	공자, 맹자의 인심은 적경과 같네
除惡盤銘新日日	반명으로 악을 제거하여 날마다 새롭게 하면
邦家復禮更回榮	나라, 가정 예로 돌아와 영화가 다시 돌아오네

강원도 영월군 **星百 林 培 日**

盤銘湯帝日新明	탕왕의 대야에는 일신 새겨 밝았으니
易姓成皇革命成	열성혁명 이룩하여 황제를 성취했네
臣下却忘垂偉績	신하신 분 망각으로 위적을 베풀으니
暴君征伐盡衷情	폭군을 정벌하는 충정에 극진했네
堪亂世吏公如玉	관리는 감난에서 옥같은 귀인되고
窮乏平人式似瓊	평인은 궁핍에서 옥의 제도 맞이했네
稱頌儒家宣善政	선정을 베풀어서 유가의 칭송받고
聖恩罔極是光榮	성운이 망극하니 영광으로 옳으리라

경기도 고양시 **佳山 任 奉 壎**

三代聖王長史明	하은주 삼대 성왕을 오랜 역사가 밝히고 있는데
湯銘行錄樂開成	탕지반명의 언행 기록을 개물성무로 즐기게 하네
帝綱治水豊年舞	제강의 치산치수는 풍년을 노래하고 춤추는데
堯舜遺風照歲情	요고순목 유풍은 그믐날 밤의 등불 같은 성정일세
儒振從流盡國礎	유교진흥에 종류하면 진충보국의 초석이 되고
俗傳文化震擅瓊	전통문화 속습으로 배달민족의 구슬 되리라
暘東錦繡江山茲	금수강산은 해 돋는 곳 동천동방에서 향기 피우니
底力夷民土着榮	동이족 토박이 저력은 토착민으로 영달함이다

서울특별시 용산구 明朗 林 虎 穆

湯以盤銘湯智明	탕임금의 반명이 탕임금의 지혜를 밝혀
建商天下太平成	상나라를 세우고 천하에 태평성대를 이루셨네
桀王逐出收民意	걸왕을 축출하여 민의를 수렴하고
伊尹招來鞏國情	이윤을 초빙하여 국정을 공고히 하셨도다
沐讀文章凌玉璧	머리 감으며 읽은 문장은 옥벽을 능가하고
浴看字句勝金瓊	몸 씻으며 읽은 자구는 금구슬보다 낫도다
日新又日新非忘	날로 새롭게 하고 또 날로 새롭게 하는 것을 잊지 않고
實踐邦家必繼榮	실천하는 나라는 반드시 영화가 이어지리오

충청북도 음성군 東吾 張 南 壎

王桀放縱行未明	왕인걸이 방종해서 행실이 좋지 못하여
酒池歌舞肉林成	술 연못에서 가무를 즐기고 육림도 만들었네
勤修自體新民像	자기 몸을 삼가 닦음은 백성을 새롭게 할 징조요
常浴其愼新獨情	자신이 항상 목욕함은 홀로 있을제 신중하는 정이로다
眞心無限消邪惡	마음을 참되게 한없이 닦아 사악을 저버리고
改過不時報紫瓊	허물 고침을 때 없이 하여 덕화를 자경처럼 보답했네
殷兮猶保淳風俗	은나라여! 오히려 순박한 풍속을 보존했으니
天下泰平盡光榮	천하가 태평하여 모두 영광을 누리도다

경상북도 포항시 **張大遠**

湯殷持續革新明	은나라 탕임금은 지속적인 혁신을 밝혀서
海晏河淸盛代成	해안하청에 성대를 이루었더라
一日感懷修己意	일일감회로 수기한 뜻이요
六條反省牧民情	육조반성은 목민의 정이더라
平治振作如輝玉	평치를 진하여 옥같이 빛나고
善政施行若耀瓊	선정시행은 구슬같이 빛나더라
大旱七年甘雨下	칠년대한에 감우가 내리게 하시니
君王德化永長榮	군왕의 덕화가 길길이 영화더라

대구광역시 동구 **然岩 張明韓**

新民九字說分明	친민을 아홉 자로 분명히 말하시면서
湯帝盤銘偉範成	탕임금께서 반명하셔놓고 위범을 이루었도다
治國箴言無限道	치국의 잠언으로써 끝이 없는 도이고
敎人遺訓不窮情	사람을 가르치는 유훈으로 불궁한 정이로다
蒼生澤被輝如燭	창생이 은택을 입게 되니 촛불처럼 빛나고
社會恩霑艶似瓊	사회가 은혜에 젖으니 옥같이 아름답도다
三領八條窮實踐	삼강령 팔조목을 몸소 실천하니
聖君稱頌就繁榮	성군으로 칭송되고 번영을 이루었네

경상북도 포항시 **靑溪 張 文 洙**

湯王仁道斗星明	탕왕의 인도가 북두칠성처럼 밝으시니
警句盤銘聖世成	경계하는 글귀를 대야에 새겨서 성세를 이루셨네
格物致知時習事	격물치지함은 때때로 익히는 일이요
正心去惡日新情	마음을 바루고 싫어하는 것을 멀리함은 날로 새로워지는 뜻이다
修身每念如磨玉	수신함은 매양 옥을 가는 것 같이 생각해야 하고
治國恒思似琢瓊	치국함은 항상 옥을 다듬는 것과 같이 생각해야 하네
人性賴斯涵養裏	인성이 이에 힘입어서 함양되는 속에
先賢德化願長榮	선현의 덕화가 길게 영화롭기를 원하노라

경상북도 예천군 **靖江 張 炳 國**

新民章句意深明	대학의 신민장구는 의미가 깊고 밝은데
湯帝盤銘聖世成	탕왕의 반명은 성세를 이루리라
啓道扶綱垂偉績	도덕을 깨우치고 강상을 부식하면 위적을 드리우고
尙倫復禮盡衷情	인륜을 숭상하고 예의를 회복함에 충정을 다하세
熟知幾節如金繡	기절을 숙지하니 금으로 수놓은 것 같고
探究全篇似玉瓊	전편을 탐구하니 옥경과 같도다
字字嘉言能實踐	글귀마다 가언을 능히 실천한다면
昇平家國永繁榮	승평하는 나라를 이루어 영원히 번영하리라

경상북도 포항시 **張奉柱**

九字盤銘自警明	구자반명으로 스스로 경계를 밝히셨고
商湯布德泰平成	상나라 탕왕께서 덕을 베푸시어 태평을 이루셨네
時時恙國殫誠力	시시로 나라근심에 성력을 다하셨고
刻刻新民養性情	항상 신민하는 성정을 길렀네
逐桀恭謙仁似寶	걸왕을 축출하고 공겸하니 어젊이 보배 같고
迎伊善政智如瓊	이윤을 맞이하여 선정하니 지혜가 구슬 같네
開來繼往無窮歲	계왕개태하여 무궁한 세월을
若浴常思豈不榮	목욕하듯 일신을 생각하니 어찌 영화롭지 않으리

경상북도 영주시 **友喆 張師彦**

湯主盤銘自警明	탕임금 욕기에 새긴 글 자신을 경계하고 밝힘이요
人心洗濯畵難成	인심을 세탁하기란 그림으로 이루기 어렵구나
修身去惡淸官意	수신으로 악을 물리침은 청관의 뜻이요
沐浴除污潔士情	목욕으로 때를 제거함은 결사의 뜻일세
典範規程如國寶	전범의 규정은 국보와 같고
倫理語錄似家瓊	윤리어록은 가정의 구슬과 같네
日新正德施仁敎	날마다 새롭게 바른 덕으로 어진 것을 베풀고 가르쳐
善習親民永享榮	선을 익히고 친민하면 영원히 영화를 누리네

대전광역시 동구 **逸齋 張 師 邑**

三代君王如鏡明	삼대 때 군왕처럼 마음이 거울같이 밝으면
太平天下自然成	태평천하를 자연히 이룰 것이라
斥邪可測興亡兆	간사함을 물리치면 가히 흥망에 증조를 헤아릴 것이라
守義能知統治情	의리를 지키면 능히 통치하는 법을 알 것이라
修德修身行善政	덕을 닦고 몸을 닦으면 선정을 행할 것이고
洗心洗面是眞瓊	마음을 씻고 얼굴을 씻으니 진실로 참구슬이로다
至今若用無偏黨	지금도 만약 편당 없이 인재를 등용한다면
槿域猶期萬歲榮	근역에 오히려 만세에 영화를 기약할 것이다

경상북도 문경시 **經農 張 相 允**

湯帝盤銘盟誓明	탕임금이 대야에 새겨 맹서를 밝혔네
日新又日禱新成	날로 새롭고 또 날로 새로 이루기를 빌었네
常時積善希消怨	상시 착함을 쌓아 원망을 사라지길 바라고
每事施恩願別情	매사에 은혜를 베풀어 정을 나누기를 원하네
衛正斥邪雖曰鏡	바른 것을 지키고, 간사함을 물리침은 비록 거울이라 이르고
勸忠奬孝最爲瓊	충성을 권하고 효도를 장려함이 가장 옥이 되네
只今政客如斯效	이제 정객이 이와 같이 본 받으면
槿域前途永世榮	우리나라 앞길에 영원한 세대 영화로우리라

경상북도 안동시 **玉山 張善秀**

湯王誡命世間明	탕왕의 계명이 세상을 밝혔네
實踐盤銘大義成	반명을 실천하여 대의를 이루었네
衛正施仁千載鑑	위정시인하니 천세의 거울이요
斥邪布德萬年情	척사포덕하니 만년의 정이라
日新絶句良心寶	일신의 절구는 양심의 보배요
時習名文健體瓊	때때로 익힌 명문은 건강한 몸의 구슬이네
至極精誠精進裡	지극정성으로 정진하는 속에
聖君善政享光榮	성군의 선정으로 광영을 누리리

경기도 용인시 **如山齋 張晟集**

日日惟新意闡明	날마다 새로움을 생각하는 뜻을 밝히니
殷湯天命偉功成	은나라 탕왕은 천명을 받아 위대한 공을 이루셨네
堯風正效修身志	요풍을 바르게 본받아 수신하는 뜻을 삼고
舜道尊承養性情	순임금 도를 높이 받들어 이어 성정을 기르셨네
省察存心如鍊鐵	존심을 성찰하기를 철을 단련하듯 하고
認知格物若磨瓊	격물을 인지함에 구슬을 갈 듯이 하도다
盤銘實踐黎民際	백성이 반명을 실천할 때
國祚隆興必有榮	국조가 융흥하여 반드시 영화가 있으리라

경기도 남양주시 **張星天**

日新壯志願鮮明	일신장지를 선명하기 원함은
去惡培仁竭力成	거악배인하여 힘을 다하여야 이루어진다
洗潔中心先聖訓	중심세결은 선성의 가르침이요
沐精外體古人情	외체를 목정함은 고인의 정이라
脫華就實熙如玉	탈화취실하면 밝기가 옥 같고
退污登淸燦若瓊	퇴오등청하면 빛나기 구슬같다
私欲捐消終進善	사욕을 버리면 마침내 착하게 되고
掃除舊染大光榮	구염소제하면 크게 광영하리라

경상남도 창원시 **蔣淳奎**

湯主盤銘自戒明	탕왕은 반명하여 스스로 경계를 밝게 하였고
日新生活苟新成	날로 새롭게 생활하여 진실로 새롭게 이루었다
黎民救濟千秋鑑	백성을 구제하였음은 천추의 거울이요
政客包容萬古情	정객을 포용하였음은 만고의 정이로다
農事豊饒仁似玉	농사가 풍요하였음은 인이 옥과 같아서이고
國權隆盛德如瓊	나라가 융성하였음은 덕이 구슬과 같아서이다
作心實踐何無樂	마음결정한 바 실천하니 어찌 즐겁지 않겠는가
改革同參必有榮	개혁에 동참하니 반드시 영화가 있도다

경상북도 경산시 **平銓 張 禮 德**

湯務盤銘去惡明	탕왕이 반명하여 힘쓴 것은 거악을 밝힘이요
無間實踐就完成	간단없이 실천한 것은 자기완성에 나아감이네
勾賤味膽消身辱	월나라 구천은 쓸개를 맛보면서 굴욕을 대갚음했고
闔子衾薪慰父情	오나라 합려의 아들 부차는 섶을 깔고 자며 복수하여 부정을 위로했네
月將進仁養性鑑	일취월장 인에 나아가는 본성을 기르는 거울이요
日新遷善濯心瓊	날로 새롭게 나아감은 선으로 옮기는 탁심의 경이네
儒林率範三隣應	유림이 먼저 솔선수범하면 삼이웃이 따르리니
改過黎民槿域榮	개과천선하는 여민들로 온 나라가 꽃이 피리

대구광역시 수성구 **水亭 張 宰 榮**

聖代殷湯智益明	성대에 은나라 탕임금은 지혜가 더욱 밝아
三綱八目偉勳成	삼강 팔조목으로 위훈을 이루셨네
時時善政登王位	때때로 선정하여 왕위에 오르셨고
日日新民察世情	날마다 백성이 새롭도록 세정을 살피셨네
格物致知如碎玉	격물치지로 옥을 아름답게 부시는 것같고
正心振作似磨瓊	정심을 진작하여 옥을 가는 것같네
盤銘傑句胸襟洗	반명의 걸구는 흉금을 씻어주니
吾道傳承萬古榮	오도를 전승하면 만고에 영화롭네

강원도 원주시 **一石 張 鍾 喆**

殷湯盤銘自警明	은나라 탕왕의 대야에 새긴 글자 경이 밝았으니
日新淸道此中成	날로 새롭게 하는 깨끗한 도가 이 가운데 이루어졌네
洗心洗垢呈誠力	마음도 씻고 때도 씻으며 정성과 힘을 드렸고
捐慾捐塵竭志情	욕심도 버리고 티끌도 버림에 뜻과 정을 다하였도다
乃倂修文輝白玉	이에 아울러 닦은 학문은 백옥같이 빛나고
又兼積德重紅瓊	또 겸하여 쌓은 덕은 홍경보다도 중하네
唐虞之治效推衍	요임금 순임금의 다스림을 본받아 널리 미치게 하였으니
聖政煌煌長享榮	성스러운 정치 빛나고 빛나 길이 영화를 누리셨네

경상북도 문경시 **愚菴 張 鉉 燮**

湯以盤銘善政明	탕임금께서 선정을 밝히길 세숫대에 새기시고
施仁天下太平成	어짐을 베푸시니 천하가 태평을 이루었네
彛倫確立千秋範	이륜을 확립함은 천추의 범이요
道義遵行萬古情	도의를 준행함은 만고의 정일세
鴻德治人賢主鑑	홍덕으로 치인하심은 현주의 감이요
博文濟世聖王瓊	박문으로 제세함은 성왕의 경이네
願言各自從斯訣	원컨대 각자가 이 비결을 쫓는다면
必是吾韓永歲榮	필시 오한이 영원토록 영화로울 것이네

서울특별시 노원구 **霞山 全 旭**

盤銘自警性齊明	반명은 성품이 바르고 밝길 경계함이니
不斷常新厥德成	끊임없이 늘 새로워야 그 덕 이룰 수 있네
外垢知湔凡俗事	밖의 때 씻을 줄 앎은 범 속의 일이요
中污忘洗衆人情	마음 더러움 씻기 잊음도 뭇 사람 정이라
提撕四海崔該練	사해를 끌어 알맞게 단련하길 재촉하고
鼓舞烝黎引報瓊	백성을 고무시켜 옥으로 갚음 이끌지니
天命奉行終始愼	하늘의 명 봉행하여 종시를 삼가면
邦畿千里久蒙榮	방기천리가 오래도록 영화를 받는다오

경기도 수원시 **靑崑 全 敎 燁**

傳統湯銘教訓明	전통적으로 탕명이 교훈으로 밝은데
先人經典起完成	선인이 경전으로 완성을 일으켰네
欲心自除偕知足	하고자 하는 마음 스스로 없애 함께 족함을 알고
難事共開每感情	어려운 일 함께 열어 매번 정을 느끼네
頭內反芻懷道德	머리 속으로 되새겨 도덕을 품고
胸中深刻革章瓊	마음 속에선 깊이 새겨 글과 구슬로 바꾸었네
日新又日新之裡	나날이 새로워지는 후에
愼獨恒時兆朕榮	항상 홀로 삼가니 번영의 조짐이 있네

경상북도 예천군 **信堂 全 德 河**

湯王修己日新明	탕왕이 스스로 몸과 마음을 닦아 일신을 분명히 했네
沐浴盤銘自警成	목욕하는 그릇에 새겨놓고 스스로 깨우침을 이루었네
洗垢淸心從此始	때를 씻고 맑은 마음으로 일로 쫓아 비롯했네
滌污潔體最眞情	더러운 몸 씻고 깨끗한 몸으로 전정함이 최고일세
實行益善操身美	선을 더욱 실행함은 조신이 아름답고
苟又加仁齊戒瓊	또한 진실로 어짊을 더하고 재개함이 옥같이 했네
刻器感恩千歲鑑	그릇에 새긴 글 느낀 은혜 천세에 거울
一生覺醒永垂榮	한 평생 각성하며 길이 영화를 드리웠네

경상북도 울진군 **田 炳 日**

苟新日日八方明	진실로 날마다 새로워 지면 온 세상 밝아지고
湯上盤銘太一成	탕왕의 반명문은 만물의 근본을 이루네
政典民安傾性命	정치의 법으로는 민생안전에 성명을 기울이고
朝鋼國泰盡誠情	조정의 기강으로 나라의 태평에 성정을 다하네
義仁禮智肅淸鑑	인의예지는 세상을 깨끗이 하는 거울이요
至善止於根本瓊	지어지선은 근본의 아름다운 옥이네
府吏恒時諸考察	관아와 관리는 항시 상고하여 살펴서
生生世世享光榮	생생세세토록 광영을 누리소서

충청북도 청주시 **己千 全祐成**

清晨睡却對盤明	신새벽 잠에서 깨어 대야에 새겨진 밝음을 대하면
往事反照改過成	지난일 되시겨 과오를 고칠 수 있음이니
湯王每日天命順	탕왕은 매일 천명을 따랐고
衆臣各自率性情	뭇 신하들은 각자의 본성을 따랐네
上臨守心恒留善	윗사람들은 마음을 지켜 항시 선에 머물렀고
下位正氣事物瓊	아랫사람들은 바른 기운으로 일을 대하였네
此則人間無敵達	이렇게 되면 인간에게 적이 없게 되어
生涯到處及光榮	살아생전 이르는 곳마다 광영함이 미칠 것이로다

울산광역시 동구 **翠松 金寅出**

古今懇切性心明	고금에 성심을 밝게 함이 간절하네
實踐盤銘極盡成	탕지반명 실천함을 극진히 이루었네
官吏施仁疏世志	관리는 인으로 보살펴 세지와 소통을 하며
朝廷布德篤人情	조정은 덕으로 다스려 인정을 돈독히 하였네
禹治洚水國基寶	우임금 홍수 다스려 나라 기반에 보배고
君禱桑林民貴瓊	탕임금 상림에서 기도함은 백성이 귀중한 옥이네
境地修身和合裡	수신이 경지에 이르고 화합 속에
太平聖代自來榮	태평성대가 자연히 오니 영광이로다

경상북도 문경시 **田竣瑞**

日新又又德尤明	매일매일 새로우면 덕이 더욱 밝히니
湯帝盤銘天道成	탕임금의 반명은 천도를 이루었도다
內聖外王千古鑑	안으로 성스럽고 밖으로 왕다움 천고의 거울이요
新民世矣萬年情	백성이 새로운 세상 만년의 정이로다
開基五敎堯天日	개기오교하니 요임금의 하늘의 해요
爲本三綱舜殿瓊	삼강을 근본으로 하니 순임금의 집이 옥이로다
治國平和眞大業	치국하여 평화로움은 정말 대업이요
中庸處事發祥榮	중용으로 처사하니 상서롭고 영광되도다

서울특별시 은평구 **鄭多運**

湯王遺跡意深明	탕임금 남긴 자취 깊고도 밝도다
滅夏興殷盛代成	멸하흥은하여 성대를 이루셨도다
顯正斥邪扶國本	현정척사는 국본을 돋움이요
施仁布德愛民情	시인포덕은 애민의 정이었네
庶官行政每如鏡	관리는 정사를 행함에 거울 같아야 하고
學者致知恒若瓊	학자는 치지함에 항상 옥처럼 해야 하리
改革同參捎積弊	개혁동참하여 적폐를 일소하여
惟新前道願繁榮	유신하여 향후 번영을 바라노라

서울특별시 관악구 **靑海 丁 大 用**

湯王政事智和明	탕왕 정사일에 지혜롭고 화명하여
洗浴盤銘自警成	목욕 그릇에 글 새겨 자성을 이루었네
虞舜日新開善意	우순처럼 날로 새로운 선한 뜻을 열었고
唐堯每效布溫情	당요처럼 매양 본받으러 따뜻한 정을 펴네
心淸德義佳眞寶	심청한 덕의 올음은 진보보다 아름답고
身潔賢風價貴瓊	신결하여 어진 풍습은 귀경보다 값지네
生活健康平素訓	생활에 건강함은 평소에 훈계로 삼고
殷商創建享昌榮	은·상을 창건하여 창성한 영화를 누렸네

전라남도 곡성군 **梧鳳 鄭 得 采**

東方禮儀自天明	동방의 예의는 하늘에 밝았으니
浩氣和春澤見成	호기가 봄날 같아 덕택이 보는바 이루었네
欽慕慈溫模範本	흠모하여 사랑하기 모범의 근본이고
古賢傳語感應情	옛 어진 분들 숭상하여 감응의 정분이네
經綸不拒著光燦	경륜법도 어긋남이 없이 현저히 빛나고
聖德無爲赫似瓊	성인의 덕목은 구슬같이 빛나네
道適歸仁宣致復	도리에 맞는 어짐 좋은 성품 이루니
後孫萬代必繁榮	후손들 만대에 반드시 번영하리라

경기도 구리시 **隅川 鄭秉植**

自古湯銘至善明	자고로 탕지반명은 지선의 빛이요
修身治國礎盤成	수신치국의 초반(주춧돌)일지니
學文時習正天命	학문 시습으로 천명을 바르게 하고
尙德日新全性情	상덕일신으로 성정을 온전히 할진저
禹斧通洚經世鑑	우부통홍은 경세의 거울이요
舜琴解慍濟民瓊	순금해온은 제민의 구슬이라
太和布政殫誠信	태화포정으로 성신을 다해
弘益人間享共榮	홍익인간으로 함께 번영을 누리세

전라남도 순천시 **鄭丙釪**

是誰無不德源明	이에 누가 덕의 근원 밝지 않음이 없다고 하는가?
何所日新至善成	아무리 적더라도 날로 새로워지면 지극한 선을 이루리라
正慾持心除慽慾	바른 욕심으로 마음가짐을 하면 그릇된 욕심이 없어지고
義情修己却邪情	옳은 정으로 몸을 닦으면 사특한 정이 물러가리라
盤圖引灌常磨玉	쟁반에 그림을 끌어대면 항상 옥을 갈고
槽刻抽流每洗瓊	욕조에 생긴 물 축출하면 매양 구슬이 씻어지리라
聖誨箴銘眞寶鑑	성인의 가르침과 경계함은 참된 보감이니
萬分濡一世皆榮	만분의 하나라도 젖어든다면 세상이 다 영화로우리라

경상남도 하동군 **景岩 鄭 相 旭**

湯王警句刻盤明	탕왕이 경구를 목욕그릇에 새겨 밝혔으니
治化何時更得成	어느 때에 선정교화를 갱득하여 이루리요
洗浴心身修己意	몸과 마음을 씻는 것은 수기의 뜻이요
啓蒙性癖導民情	성벽을 깨우쳐줌은 백성을 인도하는 정이라
綱常實踐家規重	강상을 실천하면 가규는 엄중해지고
禮樂傳承世道瓊	예악을 전승하여 세상 도의가 아름다우리라
又日新之惟止善	또 나날이 새로워져서 지극한 선에 그치면
萬邦人類德風榮	온 세상 사람들이 덕으로 감화되어 번영하리라

울산광역시 중구 **月亭 鄭 錫 燦**

殷王德目日新明	은왕의 덕목은 나날이 새롭게 밝히고
克己全心商繼成	전심으로 극기하여 상나라까지 이루었네
君主重言治國本	군주는 언행을 신중히 하는 것이 치국의 근본이요
庶民行動授傳情	백성에게는 행동으로 실상을 전수했네
賢英領導不知處	어질고 훌륭한 영도자는 어디 있는지 알지 못하고
爲政今玆尋競瓊	지금의 위정자는 높은 자리 찾는데만 다투고 있네
渾世靖和時急化	혼탁한 세상 잘 다스리는 것이 시급하고
太平來着遇繁榮	태평성대가 오면 번영함을 만나겠네

경상북도 예천군 **水山 鄭時爕**

湯王洗濯警辭明	탕왕의 세탁 경구는 분명한 말씀이고
懇願盤銘暢達成	반명을 간절히 원해서 창달을 이루네
法故經綸救世策	법고경륜으로 세상을 구하는 책략이고
創新制度安民情	제도를 창신하여 백성을 편안하게 하네
氷光皎潔百江練	빙광교결로 많은 강은 깨끗하고
雪色玲瓏萬樹瓊	설색영롱이 일만구슬같네
千載斯文承聖教	천재사문으로 성인의 교육을 이어가고
童蒙勸獎永繁榮	동몽권장으로 영원히 번영하리라

경기도 용인시 **鋼炫 鄭亮和**

湯作盤銘自警明	탕왕께서 반명을 지으시어 자경을 밝히시니
日新苟日又新成	진실로 나날이 새롭고 또 새롭게 하셨네
知言養氣千秋法	지언의 기운을 기름엔 천추의 모범이요
格物誠心萬古情	격물에 마음 다함은 만고의 정이라
治國方便深似海	치국의 방편으로 깊이가 바다와 같고
修身德目秀如瓊	수신의 덕목으로 빼어남이 옥과 같도다
若能體此皆懸念	만약 이를 본받아 사람마다 마음에 간직한다면
槿域綱常必更榮	우리나라의 도덕이 반드시 다시 번성하리라

부산광역시 동구 **松溪 鄭 泳 世**

精神文化漸衰明	정신문화의 밝음이 점점 쇠퇴해질 때는
之偶湯之日聽成	이 때는 탕임금의 말씀을 잘 듣고 완성하고
善繼綱常今世本	잘 이은 강상은 이 세상의 근본이고
正承道德古沈情	바르게 이은 도덕은 오랜 심정에서 나오네
父慈子孝習賢傳	부자자효는 현인의 책을 익히고
兄友弟恭隨聖瓊	형우제공은 성인의 아름다움을 따르며
擧族同參從此決	겨레가 동참하여 이 비결을 따르면
前程必是太平榮	장래에는 반드시 태평영화를 누리리라

전라북도 전주시 **蘆汀 鄭 榮 泰**

湯之盤銘瑞光明	탕임금께서 쟁반에 쓴 새김은 상서로운 빛이 밝고
日日新新太平成	나날이 새롭게 하고 또 날로 새로워져서
	나라가 안정되어 걱정없고 안정을 이루네
扶植綱常垂偉績	인륜의 어근을 바로 세우니 위대한 업적을 드리우고
宣揚禮義盡衷情	예절과 의를 명성과 권위를 널리 펼치어서 속마음을 다하여
風香皎潔千江練	바람과 향기가 밝고 맑아서 28수중 미수로 익히고 불리니
雪色玲瓏萬樹瓊	설색이 광채가 찬란하고 만수가 구슬같구나
擧族同參勤此事	온 겨레가 동감하여 이 일을 부지런하게 하며
邦家發電子孫榮	나라와 간속들이 발전하여 자손들이 영화롭게 할지어다

전라남도 나주시 **玄岩 鄭榮化**

多事經重處世明	많은 일을 겪고 경험이 쌓이면 처세하는데 밝고
勤勞研磨意自成	부지런히 노력하고 연마하면 뜻한 것을 자연이 이룬다
父母慈愛子女孝	부모가 사랑하면 아들 딸이 효성스럽다
兒童虐待非人情	어린이들을 학대하는 것은 사람의 정이 아니다
物慾排他丈夫道	금품에 대한 욕심을 버리는 것은 대장부의 도리요
法權公吏如貴瓊	법과 권력을 공정히 하는 관리는 귀한 붉옥과 같다
心安豊饒民衆樂	마음이 편안하고 먹을 것이 많으면 국민의 삶이 즐거웁고
敬親融族家門榮	어버이를 공경하고 일가간에 화합하면 가문에 영화롭다

서울특별시 금천구 **潭齋 鄭 宇 燮**

湯之盤皿露分明	탕임금의 반명에 분명히 드러난 것은
日日新銘大業成	날마다 새롭게 새겨서 대업을 이루셨네
獎勵仁風開聖世	어진 풍속을 장려하여 성세를 여셨고
繼承善政省民情	훌륭한 정치는 계승해 민정을 살피셨네
恒常布德如磨玉	항상 덕을 펴시니 옥을 가는 것과 같았고
每樣施恩比貫瓊	매양 은혜를 베푸시니 구슬을 꿰는 것에 비교되네
格物致知傾盡力	사물의 이치를 명확히하여 전력을 기울이면
鯷岑不斷益繁榮	우리나라도 끊어지지 않고 더욱 번영하리라

경상북도 문경시 **鄭義鶴**

湯帝盤銘自省明	탕임금이 쟁반에 새겨 스스로 반성해 밝혔는데
日新日日苟新成	날로 새로워지면 날마다 날마다 진실로 새것을 이루네
恒時積德行正道	항시 덕을 쌓아 정도를 행했고
每樣修身斥慾情	매양 수신해서 욕정을 물리쳤네
憂國忠心千載鑑	우국충심은 천재의 거울이요
爲民善政萬秋瓊	위민선정은 만고에 옥일세
願言此事人皆勉	원언차사 모든 사람이 힘쓰면
必是吾韓永世榮	필시 우리나라 영세토록 영화로우리라

경상북도 안동시 **鄭在九**

湯有盤銘意自明	탕임금 반명 있는데 뜻이 절로 분명하니
日新將欲太平成	일신하여 태평세상을 이루려고 하였었네
無躊改過匡民計	주저없이 허물 고침은 백성을 바루려는 계획이었고
不息求言革政情	쉬지않고 바른말 구함은 정사를 고치려는 뜻이었네
思句修心安似嶽	글귀를 생각하며 마음 닦으니 편안하기가 산같고
吟箴養德潤如瓊	경계를 읊으며 덕 기르니 윤택하기 옥돌 같았네
執中罪己蘇黔首	중을 잡고 자신에 죄를 돌려 백성을 소생시키니
大受天恩永享榮	하늘의 은혜 크게 받아 길이 영화를 누렸었네

경상북도 안동시 **源塘 鄭載榮**

湯之聖化禮儀明	탕지성화예의명
用器盤銘大志成	용기반명은 대지성일세
儒敎振興伊尹貌	유교진흥에 이윤에 모요
繼承傳統孟宗情	계승전통은 계승정일세
國民變動似溫玉	국민변동에 사온옥이요
開拓精神如式瓊	계척정신은 여식경일세
發展希望參與裡	발전희망 참여리에
危機克服永生榮	위기극복 영생명일세

경상북도 예천군 **伊岩 鄭在轍**

湯王懿績再昭明	탕왕의 아름다운 의적 재소명할 때
盤銘精神暢達成	반명의 정신 창달함 이루었구나
孔孟文風誰敢忘	공맹의 문풍을 누가 감히 잊으리오
朱程性學仰欽情	주정 성학을 우러러 흠모하는 정일세
爲民善政三皇效	위민선정은 삼황을 본받았고
愛國精神萬歲瓊	애국정신은 만세토록 옥일러라
槿域儒林詩祝裡	우리나라 유림들이 시로서 송축하네
太平盛世願望榮	태평성쇄 이루기를 원해 영화를 바라오

경상북도 포항시 **樵菴 鄭重熙**

聖王盤銘欲世明	탕왕이 세상을 밝게 하고서 소반에 새기고
日新自醒德維成	진실로 새롭고 날로 새로움을 자성하여 덕유를 이루었도다
殷湯治國從天意	은탕치국은 하늘의 뜻을 따르고
周發爲民愛育情	주발의 위민은 애육의 정을 주었도다
君子能仁無不踐	군자는 인을 진실로 실천하지 않음이 없고
萬人欽慕扈姿瓊	만인은 주옥과 같은 자태를 흠모하여 따랐도다
擊歌禪位行謙讓	격가 속에 겸양으로 선위를 행하니
何代何時此有榮	어느 대 어느 때에 이런 영화가 다시 있을까

경기도 고양시 **露積 鄭昌進**

座右盤銘萬古明	옆 곁에 둔 반명이 비길 데가 없이 밝아서
經書刻印表題成	경서의 맨 앞머리에 새겼구나
日新至善君王德	날로 새로워서 지극히 착함이 군왕의 덕이요
一視同仁聖者情	모두 평등하게 보아 차별없이 널리 사랑함은 성자의 뜻이라
修體世塵淡白露	세상의 먼지를 몸에서 씻어내니 맑고 흰 이슬이요
洗心諸惡透青瓊	모든 악된 마음을 씻으니 투명한 푸른 구슬이네
隣敦擧遠追天命	이웃을 도탑게 하고 먼 것을 들어 하늘에 명을 따르니
後代先民教訓榮	앞으로 오는 세대에 옛 현인의 교훈이 영예롭다

인천광역시 부평구 **菊坡 鄭昌和**

湯王叡智日如明	탕왕예지 해와 같이 밝아
天命新民聖域成	천명으로 백성을 새롭게 하여 성역을 이루셨네
洗面盥中修己志	대야에 세면하시어 몸을 닦는 뜻을 지니시고
沒頭冊裏養心情	책 속에 몰두하시어 마음을 기르셨네
專橫暴政抛三寶	전횡폭정은 삼보를 포기하는 것이요
自主相生得九瓊	자주상생으로 구경을 얻는 도다
省察銘文皆實踐	명문을 성찰하여 모두가 실천하면
太平烟月永繁榮	태평연월에 길이 번영하리라

경기도 용인시 **明鏡 鄭淸秀**

錦繡江山八道明	금수강산 팔도가 밝으니
日新月盛務生成	일신 월성이 생성하게 힘써야 하네
天空守禦殫誠實	천공을 수어 하는데 성실하게 다하고
地上完全盡熱情	지상을 완전무결하게 열정으로 다 하여야 하네
善政女男歡得玉	선정은 남녀가 보옥을 얻은 것같이 기뻐하고
治平老少樂携瓊	태평하게 다스린다면 노소가 옥경을 가진 것같이 즐거워하리라
弊端過慾輝名譽	과욕을 폐단 하면 명예가 빛나고
淸潔官僚國內榮	관료가 청결하면 나라 안이 번영이 되리라

경상북도 영주시 **杏岡 鄭 泰 桓**

盤銘圭復自昭明	반명을 되풀이해서 읽어 소명해지신
湯帝治平偉業成	탕임금께서 치평위업을 이루셨네
取是拾非朝暮事	옳음을 취하고 아님을 버림은 아침저녁으로 하고
斥邪守義古今情	척사수의는 예나 지금이나 변함 없네
恒思省己磨如鑑	자신을 반성하며 갈고 닦기를 거울 같이하고
每念修身琢似瓊	수신을 염두에 두고 옥과 같이 정성껏 다듬었네
悔過悛心行正道	잘못을 뉘우치고 마음을 고쳐 정도를 행하며
日新日就得光榮	일신일취하여 광영을 얻었네

전라남도 보성군 **素農 鄭 河 澤**

湯銘古代浴盤明	탕명은 고대에 목욕반이 분명하며
日日新之快感成	나날로 새로움이 쾌감을 이루오네
大道尊崇知至善	대도를 존중함은 지성을 아는 것이며
彝倫敬仰德行情	이륜을 경앙함은 덕행의 정이옵고
儒風振作斯文赫	유풍이 진작함은 사문이 혁혁하며
民俗重興經典瓊	민속이 중흥함은 경전을 공경하고
物格意誠心正後	물격과 의성은 심정한 연후에
家齊萬事太平榮	만사가 가지런하니 태평한 영화로다

전라남도 보성군 **誠泉 丁海東**

日日盤銘確固明	일일로 반명이 확고히 분명하고
洗心快感自新成	세심의 쾌감이 스스로 진지를 이루네
人間至善能行動	인간은 지전에 능히 행동을 하며
朋友相逢悦話情	친구들 상봉하면 기쁜 이야기하는 정이고
振作儒風崇懿德	진작의 유풍은 의덕을 숭상하며
琢磨道學秉驫瓊	탁마하는 도학은 병이의 경거이고
追從孔孟傳承脈	공자맹자를 추종하는 맥락을 전승하여
大擧募詩遐邇榮	크게 들어 모시하니 원근의 영화로다

경상북도 구미시 **禾堂 鄭海龍**

聖主安民鴻德明	성인이신 임금님 안민은 큰덕이 밝음이요
盤銘日日苟新成	세수대에 새겨놓고 날마다 진실로 새로움 이루나니
三綱確立君臣義	삼강이 확립되고 군신간에 의로우니
五敎宜存父子情	오교치목 마땅하여 부자의 정이 존재하네
職衆公行看錦繡	직분을 중히 공행하니 비단에 수놓은 것 봄이고
任嚴計吏薦琳瓊	책임을 엄정하게 계획하니 림경을 천거하듯
邦家每事新風起	나라와 가정의 매사에 신선한 바람이 일고
四海添羨萬歲榮	사회가 더욱 부러워하니 만세토록 영화로우리라

광주광역시 서구 **崏井 鄭 熹 渚**

淏潭天上月俱明	맑은 연못에 천상의 달이 함께 밝아있고
靑嶂借雲白帶成	푸른 산봉우리 구름 빌려 흰 떼를 이루었네
蝶訪春山吹笛客	나비 찾은 춘산에 나그네 피리를 불고
採蓮娘子特多情	연꽃따는 아가씨는 특별히 정이 많네
城頭日暮鳴哀哭	해 저문 성 머리에 뻐꾹새 슬피 울고
籬下落櫻似赤瓊	울타리 아래 떨어진 앵두 붉은 옥같네
忠孝善行正道進	충과 효로 선행을 하고 정도로 나아가면
人間凡事必繁榮	인간의 모든 일이 반드시 잘 되어 영화롭네

경기도 부천시 **道岡 曺 南 鎬**

警句盤銘克德明	경구를 반명하여 지극히 덕을 밝게 하고
湯詩善化日新成	탕시에 선화하여 날로 새롭 이루었네
太宗顧諟安民意	태종이 고시하여 안민의 뜻 가졌으며
伊尹思惟保國情	이윤은 사유하여 보국의 정 가졌다오
大學三綱如霽月	대학 삼강은 비개인 달빛 같고
書經十卷似磨瓊	서경 십 권은 닦아놓은 구슬 같다오
致知格物能心定	격물치지 하면 능히 심정 하리니
精讀遵行必後榮	정독준행 하면 반드시 후에 영광되네

경상북도 포항시 **素南 趙 能 來**

盤銘自警欲心明	반명에 스스로 경계함은 마음을 밝게 하고자 함이니
去惡修身大器成	악을 보내고 몸을 닦으면 크게 성공하리라
舊國養眞先聖訓	옛날에 선성의 가르침으로 참됨을 길렀고
新民就德古賢情	백성을 새롭게 함은 고현의 정어덕으로 나아갔네
三綱篤習魂如璞	삼강을 돈독히 익히면 정신은 옥돌과 같으며
八目磋磨性似瓊	대학의 여덟 가지 조목을 갈고 닦으면 성품은 구슬과 같도다
至善止知君子道	군자의 도리는 지극한 선에 그침을 알도다
經傳耽讀得光榮	경전을 즐겨 읽으면 영광을 얻으리라

대구광역시 북구 **大垣 曺 三 承**

湯殷新日更通明	은나라 탕왕은 일일신 우일신을 다시 通明하였고
實踐盤銘大業成	반명하여 실천함으로써 대업을 이룩하였네
護國貞忠修己意	수기의 뜻은 호국정충 함이요
愛民善德牧民情	목민의 정은 애민선덕 함이네
賢臣輔佐如藏玉	현신이 보좌하는 것은 옥을 감추어놓는 것과 같고
聖主登臨似積瓊	성주가 등림하는 것은 옥을 쌓아두는 것과 같도다
執法不阿平等理	법을 편파적으로 집행하지 말고 공평하게 다스리고
斥邪衛正永繁榮	정사에 척사위정 하면 영원히 번영하리라

경기도 안산시 **趙晟澤**

湯王盤銘再照明	탕왕이 왕 노릇 할 때 재조명하여보니
巍然令節大功成	높고 높은 절개로 하여금 큰 공을 세웠다
安民善策傾全力	백성 편케 하는 좋은 계책 온 힘 기울였고
富國良謀盡至情	부국 하는 좋은 도모 지극정성 다했다
懿績彬彬如錦繡	빈빈한 위대 업적 비단처럼 아름답고
名聲赫赫似琳瓊	혁혁한 명성은 옥처럼 반짝이네
日新自誡平生踐	일신의 의지, 자계를 평생 실천했으니
歷代朝中最上榮	역대의 왕조 중에서 최상의 영예로세

강원도 동해시 **智成 趙順子**

報國精神萬世明	보국정신으로 세계가 만년을 밝게 하고
名聲燦爛善政成	명성을 찬란하게 하여 정확하게 착함을 이루고
儒風振作崇高貴	유풍 진작에서 숭고에 귀함이요
事業繁昌旅客情	사업번창이 여객들의 뜻이구나
優秀英才千古色	우수 영재로서 천고에 빛 색으로
宣揚共助暖流瓊	선양공조로 따뜻함이 흘러 아름답다
歡迎老少垂家範	환영하는 노소 가정에서 드리는 모범이
祝賀官民寵致榮	축하관민들에게 사랑으로 영화를 이루도다

대구광역시 수성구 茂均 趙旭來

湯帝盤銘政必明	탕임금은 반명을 잘 새겨 정치를 반듯이 밝게하면
河淸海晏太平成	하청해안과 같이 태평한 세상 이루게 될 것이다
刷新制度安民策	제도를 쇄신하여 백성을 편안하게 하도록 계책을 세워서
革故經綸救世情	옛것을 고쳐서 천하를 잘 다스려 세상을 구원하는 정이 필요하다
天命年年賢獻寶	하늘의 명을 받아 해마다 어진 술책을 맞이하도록 하고
人心日日德懷瓊	인심은 날마다 옥같이 아름다운 마음으로 덕을 쌓는다
磋磨至善邦興起	절차탁마로 선에 이르면 나라가 흥하고 일어나서
聖道深修竟得榮	성인의 도 깊게 닦아서 마침내 영화를 얻을 것이다

서울특별시 강북구 瑞岩 趙義鎬

盤銘大意日新明	반명의 큰 뜻이 날로 새롭게 밝아
淸潔心身善政成	심신이 청결하니 선정이 이루어지네
道義宣揚興國勢	도의 선양에 국세는 흥하고
農耕發展革民情	농경발전에 민정이 혁신됐네
古今聖敎如硏寶	고금의 성스런 교육은 보배를 연구함 같으며
左右名言似得瓊	좌우명언은 옥을 얻은 것 같았네
扶植綱常風俗正	강상을 부식함에 풍속이 바르니
千秋萬代享繁榮	천추만대에 번영을 누리리

경상북도 영주시 **樵欣 趙逸漢**

湯王票語古今明	탕왕의 표어가 고금명이라
警戒盤銘龜鑑成	반명을 경계하면 귀감을 이루고
扶植綱常淸世態	부식강상하여 세태를 맑게 하네
善良道德保民情	선양도덕하여 만의 뜻을 보존하고
朝朝示察千人效	조조시찰하니 천인이 본받고
日日尤新萬姓瓊	일일이 더욱 새롭게 하니 만성을 아름답게 하고
謹讀斯文生氣力	사문을 근독하니 기력이 생하고
古風美俗祝繁榮	고풍미속이 번영하기를 빕니다

경상남도 남해군 **晚休堂 曺在洙**

盤銘湯帝鍊聰明	탕왕의 쟁반에 새긴 글을 총명하게 단련하면
日日又新仁德成	날마다 또 새로워지는 어진 덕을 이루네
每樣存心殫至力	매양 마음에 새겨두는데 지극한 힘을 다하고
恒時執念盡衷情	항시 마음을 잡는데 충정을 다하여야 하네
嘉篇警語輝如玉	짧은 가편의 경어는 옥처럼 빛나고
名句箴言曜似瓊	간단한 명구잠언은 경옥같이 부시네
座右置之遵守勉	좌우에 두고 쓰며 열심히 준수하면
平常生活益爲榮	평상생활이 더욱 영예로우리라

서울특별시 송파구 **地山 趙 宰 永**

自昭明德進湯明	스스로 덕을 밝힌 탕임금 밝음을 향해 나아가고
省察盤銘運造成	날마다 반명성찰하여 혁명을 이루셨네
克念歸仁守本性	지극한 생각으로 인에 돌아가 본성을 지키고
還元道義盡衷情	도의를 복원하는데 충심을 다했네
殷慈受福連虞鑑	은탕의 인자함이 복을 받음은 우순의 귀감이어서요
夏虐災殃絶禹瓊	하걸의 포학함에 재앙 내림은 우임금 주옥같은 교훈 끊어서네
順命應人彰厥罪	천명에 따르고 백성에 응해 죄악 밝히니
終焉暴政乃邦榮	폭정은 끝나고 나라는 번영했네

경기도 수원시 **白侊 曺 銓 榮**

刻字盤銘萬古明	각자 반명은 만고에 밝은데
湯王革命訝天晟	탕왕 혁명은 천성을 의심하도다
國風典禮傾心力	국풍전례에 심력을 기울이셨고
鄕俗儀容盡性情	향속의용에 성정을 다 하였도다
仁德堅持如錦繡	인덕 견지는 수놓은 비단 같았고
彛倫守護似琳瓊	일륜 수호는 아름다운 옥과 같도다
動機附與文場句	탕지반명은 동기부여의 분장구도
警戒遵行必有榮	미리 조심하여 준행함에 필히 유영하리라

울산광역시 중구 **趙貞淑**

湯帝盤銘再闡明　　탕임금 반명을 재천명하니
邦寧本固偉功成　　방녕본고에 위공을 이루셨네
斯言熟讀牧民意　　이 말을 숙독하니 목민의 뜻이요
此教深論憂世情　　이 가르침을 심론하니 세상 걱정하는 정일세
眞理提撕天地鑑　　진리 제시는 천지의 귀감이요
正風訓導古今瓊　　정풍훈도는 고금의 옥일세
堯年舜日其中在　　요년순일이 그 중에 있으니
南北和親必共榮　　남북화친도 반드시 함께 영화롭겠네

전라남도 순천시 **趙正容**

典章文物日新明　　전장문물이 날로 새로워져 밝으니
殷道復興此際成　　은도가 부흥함을 차제에 이루리라
老少豪歌稱頌語　　노소가 칭찬의 말을 크게 노래하고
官民共說薦揚情　　관과 민이 같이 천양의 정을 말하네
功濡百世三親寶　　공이 백세에 젖으니 삼친이 보배요
澤被千秋一貫瓊　　덕택을 천추에 입히니 하나로 꿴 구슬이로다
孝友和諧多慶事　　효우가 화해해서 경사가 많으니
邦家到處馬頭榮　　방가도처에 말머리 영화로다

경상북도 문경시 **相泉 趙忠檍**

湯帝盤銘善政明	탕제반명으로 선정으로 나타나네
勸忠獎孝美風成	권충장효로 미풍을 이루네
彛倫確立千秋範	이륜을 확립하는 것 천추의 규범이요
道義遵行萬古情	도의를 준행하는 것만 만고의 정이네
德以治人賢主鑑	덕으로써 치인하는 현주의 귀감이요
文而濟世聖王瓊	문으로 제세하는 것 성왕의 구슬이네
四端正覺修身勉	사단을 바로 깨닫고 수신에 힘쓰면
必是吾韓永享榮	반드시 우리나라에 영원히 영광을 누릴 것이네

부산시 북구 **樂隱 趙顯道**

湯王善政日如明	탕왕치적 해와 같이 밝도다
修己治人弘業成	선정을 시행하여 큰 업적을 이루어셨네
德業傳承鄒魯志	덕업을 전승함은 공경의 뜻이요
綱常篤効洛閩情	강상을 돈독히 받음은 정주의 정이로세
破邪濟世無雙玉	필사제세하니 짝이 없는 옥이요
顯正忠君不二瓊	현정충군하니 둘도 없는 경이로다
溫故知新千載鑑	옛것을 연구하여 새로운 지식이나 도리를 찾아내니 천추의 귀감이요
開來繼往得光榮	계왕성개래학으로 광영을 얻도다

울산광역시 울주군 **蒔雨 朱 恩 淑**

世上彝倫美善明　세상에 떳떳한 도리는 아름다운 선을 밝힘이고
精誠拭淨日新成　정성을 다하고 말끔하게 씻어서 날마다 새로움을 이루네
齊家治國從純愛　집안을 갖추고 나라를 다스림은 순수한 사랑을 쫓고
知己修身盡性情　자기를 알고 수신함은 본마음을 다하는 것이다
孝道躬行堯舜鑑　효도를 몸소 실행함은 요순이 귀감이요
相和琴瑟伏媧瓊　서로 조화로운 금슬은 복희·여와가 옥이다
德仁智慧如山水　어진덕의 지혜는 산과 물과 같으니
靜淑安康足顯榮　정숙하고 편안함이 족히 영화를 드러낸다

서울특별시 중랑구 **江石 朱 鎭 憲**

湯帝盤銘在德明　탕임금의 반명 덕을 밝은데 있고
晝宵萬事日新成　낮에 밤이나 만사가 날로 새롭게 일어나네
堯恩實施愼天戒　요임금 은혜 실시하니 하늘의 계를 삼가히 하고
舜政已齊伸世情　순임금의 정치 이제 재계하며 세상 정을 펴네
壯節能如龍獻玉　장절에는 능히 용이 옥을 드리고 밤에는 사심이 경을 품었네
丹心炳與鹿懷瓊　단심에는 사슴이 경을 품은 것같이 빛나네
欲亡亂俗時時誦　난세를 없애고자 시시때때로 외우니
四季平和莫不榮　사계절 평화로 영화 많이 더 없네

경상북도 문경시 **松岡 秦 錫 熙**

湯帝盤銘大義明	탕제반명 하여 대의 밝히셨네
勸忠獎孝美風成	충을 권하고 효를 장려하는 미풍속을 이루고
常時積善從消怨	항상 적선하여 원이 사라지고 선이 나아가다
每事施恩別有情	매사 시우 하여 유정 별나도다
勤修聖訓千古範	성훈을 부지런히 닦아 천고에 모범이요
奉載民心萬年瓊	민심 받들어 떠받을 때 만년토록 훌륭한 선물
願吾禮節薰陶踐	원컨대 예절을 훈도하고 실천한다면
擧國繁昌永世榮	온 나라 번창하여 영원히 세상 영화함

경상남도 함양군 **草庵 秦 顯 贊**

湯王滅夏治民明	탕왕이 하나라를 멸하고 백성 다스림이 밝고
建殷交修敏政成	은나라를 건설교수하여 민첩한 정치를 이루었더라
世立傳文安俗振	세상에 전통문화를 수립하여 편안한 풍속을 떨치고
日新反覆盤銘情	날로 새롭다는 반복은 반명의 뜻이로다
綱常扶植家和睦	삼강오상(오륜)을 바로 세워 가정이 화목하고
養正加仁朝裕瓊	정의를 양성하고 인을 더하니 조정에 옥이 넉넉하도다
遠近儒林爭祝裏	멀고 가까운 유림들 다투어 축하하는 속에
燦然懿德亦長榮	찬연한 아름다운 덕 또한 길이 영화스럽도다

충청남도 당진시 **曉齋 蔡奎興**

盤銘神句警人明	반명의 신비한 문구 사람을 일깨워 밝게 하니
日省其身本務成	날마다 그 몸을 살펴 근본에 힘씀을 이룬다
有意盡忠賢士志	뜻이 진충에 있음은 현사의 뜻이요
存心慙德聖君情	마음에 참덕을 보존함은 성군의 정이다
萬民敎化爲珍器	만민을 교화하는데 진기가 되고
百世遺傳作寶瓊	백세에 남겨 전함에 보배가 되었네
若使新新能革故	만약 옛것을 고쳐 새롭고 새롭게 할 수 있다면
泰平盛代享繁榮	태평성대의 번영을 누리리라

울산광역시 울주군 **靑巖 蔡玄珠**

十歲工夫欲得明	십년공부 명명덕을 얻고자 했는데
文章可望不能成	글을 우러러볼 뿐 이루기가 능치 못하네
予迷冊士深深愛	나는 글선비 유혹하고, 사랑을 깊이 깊이 했건만
彼斥愚人遠遠情	그는 나를 내쫓고 정을 멀리멀리 하네
淡水之交長美話	담수지교는 오래전의 아름다운 이야기요
凌霄於倚現佳瓊	능소화가 (담에) 의지함은 오늘의 아름다운 붉은옥(옥목걸이)이구나
今希自新銘溫故	이제 스스로 새로워 지고자 온고지신을 새기는 것은
但願通經不富榮	다만 경전과 통하기를 바랄 뿐 부귀영화는 아니라네

경상남도 김해시 **甑岩 千 相 得**

盤銘湯帝自箴明	탕임금께서 세숫대야에 새긴 글귀 스스로 경계하는 것임이 분명하고
意欲日新期必成	날마다 새로워지려는 의욕을 기필코 이루었네
虛慾排除推進志	허욕을 배제하고 추진하려는 뜻이고
私心洗滌實行情	사심을 씻어버리고 실행하려는 뜻일세
感人句句溫如玉	구절구절 느낀 사람은 따뜻함이 옥 같고
警世言言美若瓊	말씀마다 세상을 경계함은 아름다운 구슬 같네
海晏河清由此遂	이로 인해서 태평세월이 이루어지고
可知家國萬年榮	가히 가정과 나라가 만년토록 영화로울 것이다

전라남도 영암군 **友竹 崔 基 昱**

敗亡夏國孰爲明	하국이 패망하니 누가 밝다 하리오
誕降殷王善政成	은왕이 탄강하여 선정을 이루웠네
治世多年歌舞設	치세다년에 가무를 베풀고
愛鄕累歲逸興情	애향루세에 일흥의 정이네
家家彩色玲瓏玉	집집마다 채색은 영롱한 옥이요
處處祥光皎潔瓊	처처이 상광은 교결한 구슬이네
傳統由來文化赫	전통유래는 문화가 빛났고
願言民族摠繁榮	민족은 다 번영하기를 원하네

경상북도 포항시 **圓光 崔 奇 出**

盤銘聖句瑞光明	탕왕의 반명 성구가 서광이 빛나네
福地昇平不遠成	복지스러운 땅에 승평이 머지않아 이루어지리라
治國優先修己意	나라를 다스림이 우선이나 자기의 뜻을 닦아야 하고
齊家必是牧民情	집안 다스림을 반드시 하고 나서 백성을 다스려야 한다
安貧樂道輝如玉	가난 속에도 편안하고 도를 즐기니 옥같이 빛나고
養德施仁燦似瓊	덕을 기르고 자애를 베푸니 구슬과 같이 빛나네
若使人人隨此訣	만약 사람들이 각각 헤어짐을 따르고
賴斯疆土益繁榮	이에 힘입어 강토는 더욱 번영하리라

대구광역시 북구 **栢川 崔 臺 植**

湯王綱領日如明	탕왕의 강령이 해와 같이 밝고
輔國親民善政成	보국친민하여 선정을 이루셨네
顯正忠君千載鑑	현정한 임금에게 충성을 다함은 천년의 거울이었고
破邪濟世萬年情	파사하여 세상을 구제함은 만년의 뜻이었도다
早梅院落抽紅玉	울타리에 덜어진 이른 매화 꽃에서 홍옥을 뽑아내었고
新笋庭除綴綠瓊	섬돌 아래에 새 죽순에서 녹경을 엮어내셨네
大學硏磨先績本	대학을 연마하고 선적의 전승을 근본으로 삼으면
邦家隆盛後孫榮	국가가 융성하여 후손들이 영광을 누릴 것이네

경상북도 청도군 **崔鳳鎭**

紀年傳說展開明	아득한 옛이야기 전하여 온 말 여러 나라 밝게 펼쳐 이었고
投御登臺急雨成	자신 몸 던져 대위에 올랐네 때맞춰 하늘도 감동하여 비를 내렸네
無斷千秋憎夏傑	끊임없는 긴 세월 폭정 미움으로 이었구나 하나라 걸임금
永世承史愛商情	오랜 세상 이은 역사 백성 사랑은 상나라 탕임금의 정일지라
行倫蹟影能旌利	행하는 도리의 자취 나라님 은혜 이로움 있고
善業奉庭然口瓊	선행을 이르고 가정을 보다듬이 이 모양 아름답구나
龍華樂園光和鏡	부처 미륵 설법처럼 편히 자라 사는 세상 비쳐보며
上天太乙聖君榮	하늘 위 태을성군 아름다워 빛날지다

경상남도 양산시 **芝淵 崔相夏**

今考湯銘奧義明	이제 탕명을 상고하니 심오한 뜻 밝히어
存心立志靖匡成	세운 뜻 마음에 두고 정광을 이루셨네
斥邪扶正從民意	사악을 배척하고 바름을 잡아 민의를 쫓고
彰善崇仁厚世情	선은 드러내고 인을 높임은 세정의 두터움이라
嘉話言言當作鑑	가화의 말씀마다 마땅히 거울삼고
彫文字字總含瓊	새긴 문장 글자마다 모두가 옥구슬 머금었네
日新又日日新果	날로 새롭고 나날이 새롭게 한다면
能得名垂天下榮	능히 천하에 이름 드리우는 영광을 얻으리라

경상북도 울진군 **谷泉 崔 石 出**

每日新新欲世明	매일 새롭고 새롭게 세상 밝히려고
盤文太乙肅鞭成	탕왕은 반명문을 엄숙히 채찍으로 삼았다
必然政本民安事	정치의 근본은 민안사가 필연이요
恒在朝綱國泰情	조정의 벼리는 나라 태평의 정이 항상 있음이네
古史書經登一鑑	옛 정사 서경에는 한 귀감으로 등재하였고
儒家大學取如瓊	유교가의 대학에는 옥과 같이 취하였나니
寸時府吏諸深考	잠시라도 관아와 관리 모두가 깊이 살피면
萬歲淸平盍享榮	만세토록 밝고 평안하여 어찌 영화 누리지 않으리

대구광역시 달서구 **春溪 崔 聖 洙**

苟新日日德行明	구일신 나날이 덕행이 밝아지고
湯主盤銘教訓成	탕임금의 반명으로 교훈을 이뤘네
至極精誠時靜感	지극한 정성은 때로는 고요함 느끼고
高奇智慧洗心情	고기한 지혜로 마음을 씻는 정이네
勿恒立志宣章玉	마음을 세워 변하지 않으니 옥장을 펴고
莫重忠言叱句瓊	막중한 충언을 경구로 꾸짖네
改過修身常否吝	잘못을 고치고 몸을 항상 닦으니 인색하지 말고
無邪愼獨萬民榮	무사신독으로 만백성 영화롭네

서울특별시 금천구 **雲象 崔 成 鍾**

湯盤養性日新明	탕임금의 반명양성을 날로 새롭게 밝히시니
救世蒸民王政成	구세증민의 왕도정치를 성취하시도다
功懋官人貽懋賞	관인의 공이 성대하면 상을 성대히 주시고
克寬國士施寬情	국사를 너그럽게 포용하사 관정을 베푸시며
佑賢輔德資三寶	우현보덕을 삼보의 자질로 삼으심 같고
兼弱良才選八瓊	겸약양재를 팔경처럼 선발하심 같도다
天道欽崇彰永保	천도를 흠숭하시니 창덕이 길이 보전되고
衷心誕告萬邦榮	충심을 크게 알리시니 만방이 영화로세

전라북도 전주시 **貞軒 崔 容 鎬**

湯志盤銘鼎革明	탕임금은 뜻을 대야에 새겨 낡은 것을 버리고 개혁할 것을 밝히셨으니
日新施政太平成	날로 새롭게 정사를 베풀어 태평성대를 이루셨네
朝吟發欲恒箴物	아침에 읊고하고자 한 바를 발하는 항시 경계를 삼는 물건이고
夕讀興心再省情	저녁에 읽고 마음을 일으켜 다시 성찰하고자 한 뜻일세라
道學無休磋切玉	도학은 쉼 없이 옥을 갈고 자름이요
自修不斷琢磨瓊	스스로 닦음은 끊임없이 옥을 다듬고 갈은 것이라네
桑林六責親民一	상림에 들어가 여섯 가지 책임을 스스로 지셨으니 친민을 오로지 하신고로
時雨天應萬世榮	하늘이 응하여 때에 맞게 비 내려 주시니 만세에 영화로세

경상남도 김해시 **竹谷 崔玧奎**

書傳千古心開明	책에는 천고의 마음이 들어있어 밝게 문을 열어
讀書知不易建成	읽어도 알기가 쉽지 않으니 세워서 이루리
卷中對聖賢吾師	책 중에서 성현을 대할 수 있으니 나의 사표삼아 하다
隨身惟老病緖情	병과 늙음이 이실머리 정이 떠난 적 없네
老境吾誰興自如	늙은 나는 노경에 누구와 놀고자연아
日日新湯銘般瓊	나날이 새롭고 아름운 이름 새겨 반석 위 놓으리
男兒得失古猶今	사나이로서 할 일이 예와 이제 다르리오
奇語世間勞苦榮	이 세상 괴로운 사람에게 영화가 있으리요

울산광역시 중구 **庭蘭 崔再淑**

湯主盤銘自警明	탕임금께서는 대야에 새겨 놓고 스스로 경계를 밝혔다
潔心字字日新成	자자히 마음을 깨끗이 하며 날마다 새로이 함을 이루었네
安人濟世世匡意	안인제세로 세상을 바르게 하는 뜻이요
修己齊家家睦情	수신제가로써 가정을 화목하게 하는 정이네
聖學綱常應若寶	성인의 학문에 강상은 응당 보배같음이요
儒風道德又如瓊	유풍에 도덕은 또 구슬 같구나
無雙導我先師訓	나를 인도하는 둘도 없는 선사의 훈계이다
天下昇平乃可榮	천하를 태평하게 하는 것이 영화로움이로다

서울특별시 중구 **溪山 崔 載 閏**

槿邦旭旭闢黎明	근방에 아침 해 돋아 희망의 빛이 열리니
與野公論合意成	여야 공론으로 합의를 이루어서
武備尖端强國力	첨단무기 갖추어야 국력이 강하고
繼興經濟樂民情	경제가 계속 흥해야 백성의 사정과 형편이 좋습니다
無污水陸鮮妝鑑	수륙에 오염이 없어야 고운 단장하듯 보기 좋고
爲潔江山錦繡瓊	강산이 깨끗해야 금수같이 아름답네
善政施行新日日	선정으로 시행하면 날마다 진보하여서
河淸海晏有長榮	태평한 세상에 길이 번영이 있으리라

서울특별시 성동구 **道有 崔 鍾 萬**

湯之盤在現鮮明	탕왕의 대야에 선명히 나타나 있구나
日日新銘偉業成	나날이 새롭게라는 새김을 거울 삼아 위업을 이루셨네
改革良風舒聖世	어진 풍속으로 개혁하여 성세를 펴시고
蕩平善政察民情	탕탕평평한 선정으로 백성의 사정을 살피시네
恒時布德如磨玉	항시 옥을 갈 듯이 정성스레 덕을 펴고
每事施恩若貫瓊	매사에 구슬 꿰듯 섬세하게 은혜를 베푸네
朝野傾心能實踐	조야가 마음 기울여 능히 실천한다면
大韓八道益繁榮	대한 팔도는 더욱 번영하리라

전라북도 임실군 **崔宗春**

扶植綱常創學明	강상을 부식하고 학의 밝음을 빌어
彬彬道德大崇成	빛나고 빛난 도덕 크게 숭상하야 이루고
儒風百世如松翠	유풍백세에 솔푸름 같고
令德千秋擬桂情	덕춘추에 의계의정
文物輪來昭日月	문물 실어오매 일월이 밝고
孝忠振作史枝瓊	효충을 진작하니 역사의 가지 빛나
太平雨露均然地	태평무로 초연지네
欲振彛倫萬世榮	의윤을 떨쳐 만세의 영화되기를

울산광역시 중구 **叔彦 최 태 영**

盤銘自古與天明	반명은 자고로 하늘과 같이 밝은데
道義精神竹帛成	도의정신을 역사에 이루었도다
誠貫修齊傾至力	성은 수재에 이었으니 지력을 기울였고
心存省察盡眞情	마음은 성찰에 두었으니 진정을 다했도다
無雙德業千年鏡	둘도 없는 덕업은 천년의 거울이요
不貳經綸萬世瓊	하나의 경륜은 만세에 옥이로다
遺志恭承行四海	유지를 공경히 이어 사해에 행한다면
日新邦運大繁榮	일신방운이 크게 번영할 것이리라

광주광역시 광산구 **崔 賢 周**

殷代湯王聖且明	은나라 때 탕임금이 성스럽고 또 밝으시니
其心濯濯日新成	그 마음이 탁탁하여 날로 새로움을 이루었네
如除垢濁斯眞志	더러운 때를 제거하듯 하는 것이 참뜻이요
似掃塵埃亦懿情	티끌을 쓸어버리듯 하는 것 또한 아름다운 정이었네
禮記篇中爲寶句	예기 편 가운데 보구가 되어왔고
書齋案上作金瓊	글방의 책상 위에 금경이 되어왔네
盤銘膾炙人皆頌	반명이 회자되어 사람이 다 칭송하니
玩味孜孜孰不榮	완미하기를 자자히 하면 누군들 영화롭게 되지 않겠는가?

경상북도 문경시 **隱山 夏 在 亨**

日日又新盤記明	나날이 새로움에 반기가 밝으니
湯之一句得天成	탕지일구로서 저절로 이룸을 얻도다
銘心修己殫衷志	수기명심은 충심 다하여
覺醒精神盡至情	정신각성으로 지정 다하도다
絶妙詞章抽綠玉	사장 절묘해 녹옥 빼어나
奇謀韻律綴紅瓊	운율 기모함은 홍경 엮음이라
傳承儒道千秋赫	유도전승은 천추의 빛남이요
德化非忘不朽榮	덕화 잊지 않음은 불후의 영화도다

경상북도 안동시 **河鍾八**

湯之本性日新明	탕황제 본성은 날로 새로이 밝았고
心正盤銘善政成	반명을 심정하여 선정을 이루었네
自警身修安世策	자경신수하여 안세의 꾀 펴서
至誠體驗救民情	지성으로 체험하여 구민한 정일세
齊家固守遺風鑑	제가를 고수하면 유풍은 거울같네
治國宜行誠訓瓊	치국의 행하면 계훈은 옥같으리
私慾雲消迎幸福	사욕은 구름 사라지고 행복을 맞이하고
芳名萬代永光榮	방명만대 길이 광영하리라

경상남도 합천군 **牧山 韓斗錫**

商朝開創最初明	성탕께서 처음 설치 제일 먼저 밝히어서
本末惟精世範成	시종일관 사욕 없어 세상 규범 이루었네
舊國維綱當代志	옛 나라의 국가법은 그 시대의 뜻이었고
新民德化昔人情	새 백성의 덕행감화 옛날 사람 실상이네
追從滌惡崑崗玉	악을 씻고 뒤따름은 곤륜산의 옥이었고
自警尋眞麗水瓊	진실 찾아 깨우침은 금사강의 금과 같네
天下諸邦能實踐	하늘 아래 모든 나라 충분하게 실천하면
昇平不絕永傳榮	태평세상 끊임없이 길이 영화 전하겠네

경기도 이천시 **林園 韓勝男**

殷朝國是日新明	은나라 국시를 일신으로 밝혀
湯示盤銘教化成	세수대야에 새겨 교화를 이루니
濟衆前程無限誡	여러 사람들 구제함에 무한히 경계되고
案邦後世不衰情	나라 앞날을 설정하니 쇠하지 않도다
使民正義宣揚志	백성으로 하여금 정의의 뜻을 선양케 하고
治政專誠實鑑瓊	정치는 성실을 전념하니 실로 옥같은 귀감이네
納污撫良千萬歲	잘못을 어질게 다둑거려 천만년 전하니
於今更變復期榮	이제 새로이 하여 다시 영화를 기대하세

서울특별시 송파구 **耳江 韓翊煥**

盤銘日察刻身明	반명을 날마다 살펴 몸에 새겨 밝혔으니
富貴良民範節成	부하고 어진 백성들의 범절을 이루었구나
禮義精神涵世俗	예의정신은 세속의 풍속에 젖어있고
孝忠思想殖人情	충효사상은 세상 사람들의 마음속에 깊숙이 심어졌네
醒門道學如星座	학문과 도학 깨달음은 별자리처럼 굳혀있고
治世功勞勝玉瓊	잘 다스린 공로는 옥경보다 훨씬 낫구나
布德施仁垂萬古	덕과 어진 것을 베푼 것은 만고에 높이 드리우고
蒼生感服大韓榮	창생이 감복하여 큰 나라의 영화를 누렸네

경상북도 예천군 **明堂 韓重燮**

太乙治時萬國明	太乙(탕왕)이 다스릴 때는 천하가 문명스러웠으니
盤銘德句大功成	목욕통에 새긴 德스러운 文句 대공을 이루었네
日新舊染除污性	날마다 오랜 잘못을 새롭게 하여 더러운 본성 제거하고
常濯私心去欲情	늘 사심을 씻어 욕정을 버리네
振作微官垂龜鑑	미관말직의 관리들을 진작시켜 귀감으로 드리우고
平章百姓示紅瓊	백성들을 태평스럽게 다스려 홍경을 보였네
商王伐桀扶天道	商王(탕)이 桀을 정벌하고 天道를 바로 잡으니
發掘殷墟竹帛榮	은나라 유적 발굴하니 竹帛의 영화일세

경상남도 하동군 **清泉 韓忠榮**

湯王苟日日新明	탕왕은 진실로 새로운 나날이 밝기를 바라셨고
沐浴盤銘斷不成	목욕반명하시니 끊임없이 이루셨네
革故經綸君子意	낡은 것 고쳐 경륜하니 군자의 뜻이었으니
則當懿範聖賢情	당시의 의범함은 성현의 뜻이였네
心污洗濯來仁鑑	오염된 마음 세탁하여 어짐이 오도록 감이었고
身垢清廉去惡瓊	몸에 때 묻음 청렴케 하여 악을 보내니 아름답네
道德宣揚千歲樂	도덕을 선양하여 천세에 즐거움 있으면 하고
人言書劍到邦榮	인간이 말과 글을 검이 살피니 나타나는 영화에 이르리라

서울특별시 동대문구 小峯 許 範 亮

湯之明德日新明	탕왕은 명덕이 날로 새로움을 밝히셨고
穆穆文王緝敬成	훌륭하신 문왕은 공경 이룸을 밝히셨다
君愛父慈天上理	임금 사랑과 아비 사랑은 천상의 이치이고
臣忠子孝世間情	신하 충성과 자식 효도는 세간의 인정이다
太康語錄言言寶	태갑과 같고 어록은 말마다 보배이고
朱鄭評論字字瓊	주희와 정현의 평론은 자마다 옥이로다
萬事亨通根本道	만사가 형통하는 근본의 길이니
盤銘國運願繁榮	반명의 국운 번영하기 바란다

경기도 군포시 止止軒 허 태 영

湯王偉業日如明	탕왕의 위업이 태왕과 같은 밝음이여
自省盤銘爲戒成	자성의 말씀을 그릇에 새겨 경계의 말씀을 남겼네
洗淨吾身除舊態	매일 목욕하여 묵은 때와 악을 제거하고
濯躅道體刷新情	몸가짐을 깨끗이 하여 날로 날로 새로운 마음을 가져야 하나니
忠言善行千秋鏡	충언과 선행은 천추의 거울이요
苦口衷心萬代瓊	입에 쓴 진정 어린 말씀은 만대의 아름다운 옥이로다
高貴遺香眞面目	성현의 고귀한 향기로운 참모습을
斯文振作發光榮	사문의 진작으로 길이 꽃 피우자

경상북도 울진군 **青山 洪思永**

渙汗彰施心養明　칙령의 창시 마음 밝게 기르고
盤銘箴戒自天成　그릇에 새긴 잠계 스스로 하늘을 이루었네
青顏錯著欽遵志　청안은 깨달아 지어 뜻을 흠모하여 따르고
白髮珍新貢服情　백발은 새 보배 정을 바쳐 따르네
氣起騷傳加拓鑑　기기의 시인 전하니 거울같이 넓히기 더하고
德行驛遞速開瓊　덕행은 역체보다 옥 같이 빠르게 여네
有閑月下清絃振　한가로이 달 아래 맑은 거문고 떨칠 때
家國和悅萬代榮　가국의 기쁘게 화합하니 만대의 영화로다

경상북도 군위군 **洪渭根**

人恒常生太陽明　사람은 항상 태양같이 밝게 살아가야 한다
誠實努力必意成　성실하게 노력하면 필이 뜻을 이룬다
想愛施助合心尊　서로 사랑하고 베풀고 합심으로 높이 도와야 한다
繼續承進均一情　정은 계속 균일하게 이어가야 한다
正直尊敬受人材　정직하고 존경받는 인재가 되자
世界熙活動赤瓊　적경으로 활동하여 세계로 빛내자
道心靜似山藏玉　도의 마음 고요함은 산에 감춘 옥 같다
善行當然有事榮　선을 행하면 당연히 영화스러운 일 있기 마련이다

경기도 부천시 **長山 洪僕 杓**

湯帝盤銘世上明	탕임금이 쟁반에 구신을 새겨 세상을 밝게 했는데
革新反復偉功成	혁신을 반복하여 위공을 이루었네
自身省察殫眞義	자신을 성찰하는데 진의를 다하셨고
國位宣揚盡熱情	국위를 선양하는데 열정을 다하셨네
産業伸張開霽月	산업이 신장하여 비 개인 달처럼 아름답게 펼쳤고
雇傭創出似磨瓊	고용이 창출하여 갈아놓은 옥처럼 아름답네
市場擴大疏通裡	수출시장이 확대하여 소통하는 속에
海晏河淸萬歲榮	해안하청하니 만세가 영화로우리라

대구광역시 중구 **愚民 洪 海 壽**

湯爲盤錄啓心明	탕임금이 세수대야에 마음을 밝게 열 것을 기록하고
沐浴時時警戒成	목욕할 때마다 방심 않고 조심하여 경계를 이루었다
修德千秋伸國步	천추토록 덕을 닦아 나라운명을 펼치고
輔仁萬歲化民情	만세토록 서로 돕고 격려하여 국민의 뜻을 강화시켰다
申申字句硏如玉	삼가는 문자와 어구는 연마한 옥같고
節節言辭琢似瓊	마디마디 말씨는 쪼은 구슬 같더라
訓導彛倫垂正敎	이륜을 가르쳐 인도하고 바른 가르침을 드리우니
遺芳百世永光榮	사후의 명예 백세토록 길이 광영되리라

서울특별시 성북구 **松巖 黃 安 石**

湯王治國未來明	탕왕의 정치는 미래가 밝으며
日日新新務大成	일일이 새롭게 힘을 쓰니 크게 대성하고
上老奉恭生孝義	위로는 노인을 봉공하니 효의가 살아나고
下民教愛起忠情	아래는 백성을 가르치고 사랑하니 충의가 일어나네
黑心潔洗清如水	흑심을 물과 같이 맑게 결세하고
醜貌丹粧雅若瓊	추루한 모습을 경옥과 같이 우아하게 꾸미고
金刻盤銘行實踐	금쟁반에 새긴 명서를 실천을 행하고
齊家格物永光榮	사물을 바로알고 제가하니 영원히 광영하리

경상북도 성주군 **鶴皐 黃 龍 坤**

商湯沐浴器銘明	상나라 탕임금이 목욕기에 새겨 밝히니
盥漱時時自警成	세수하는 때때로 스스로 깨우침 이루었네
舊染洗心修己意	옛 오염된 마음세척은 몸 닦는 뜻이요
日新養德牧民情	날로 새롭게 양덕함은 목민의 정이라
以磨以琢石磨玉	갈고 또 쪼아 돌을 갈아 옥이 되고
如切如磋沙切瓊	베고 또 갈아서 모래 다듬어 구슬 이룸이라
之善止知留處得	지선에 그칠 것 알아 곳에 머뭄을 얻게되면
昇平治國永年榮	승평치국으로 오래 영화로워지리라

경상북도 영주시 **草堂 黃 元 相**

湯以盤銘訓誡明	탕이 반명은 훈계함을 밝혔고
驅除舊染欲完成	구염을 구제하여 완성되기를 바라네
愚民敎化千秋鑑	우민을 교화함은 천추감이요
賢德宣揚萬古情	어진 덕을 선양함은 만고정일세
滌慾排邪如繪素	척욕배사하는 것은 본바탕의 그림 같고
洗心去惡似敲瓊	세심거악하는 것은 경을 두드리는 것 같네
修身改過尤遷善	허물을 고치고 몸을 닦아 또 천선하여
天命維新百世榮	천명을 유신하여 백세의 영화일세

경상남도 밀양시 **東崗 黃 義 重**

去炎消疫夕陽明	폭염 가고 역병 소멸 석양도 밝으면
日日新新樂境成	나날이 새로워 낙토를 이루리라
善政公廉邦本質	선정과 청렴은 나라와 공인의 본무
人倫主導世相情	인륜이 주도함은 세상의 뜻
泰平天下融融盛	천하가 태평하면 화목한 천지
堯舜雨風炯炯瓊	요순의 세상 되면 빛나는 나라
君是亦臣民自是	임금이 바르면 신하도 배성도 저절로 바르리
莫誇金富道義榮	자랑 마라 부하다고 바른 도로 번영하자

경상북도 영주시 元齋 黃在甲

商湯聖德古今明	상탕의 성덕이 예나 지금이나 밝으며
殷帝盤銘始大成	은제반명이 비로소 큰 성공 이루도다
垢洗遷仁修己力	구세천인으로 자기를 힘써 수신하고
日新自敬愛人情	일신자경하여 인정을 사랑하며
年年警戒從如法	해마다(오랜 세월) 경계하니 법을 따르는 것 같도다
歲歲金言守似瓊	세세토록 금언을 구슬같이 지키도다
揚善良風終致世	양선양풍은 치세를 마치도다(리하므로)
民安國泰永光榮	국대민안이 영원히 영광이로다

第2回 成均館 全國漢詩紙上白日場 開催 要綱

　　成均館에서는 儒教振興과 傳統文化 繼承을 통하여 국민들의 삶에 꿈과 希望을 주고 변화를 통해 미래를 개척하자는 정신으로 "湯之盤銘"의 故事를 詩題로 하여 全國漢詩紙上白日場을 아래와 같이 개최하고자 합니다.

　　全國의 儒林 및 漢詩 同好人들은 傳統文化 發展을 통해 國民에게 希望을 주는 본 白日場에 적극 參與하여 危機克服의 힘을 보여주시기 바랍니다.

－ 아 래 －

▶ 사 업 명 : 第2回 成均館 全國漢詩紙上白日場
▶ 주　　최 : 성균관
▶ 주　　관 : 성균관유교문화활성화사업단
▶ 후　　원 : 문화체육관광부, 문화재청, 성균관대학교, (사)한국한시협회
▶ 접수기간 : 2021. 7. 19(월) ~ 9. 3(금)
▶ 접수방법 : 우편접수 ※9월 3일(금) 우편소인까지만 인정
▶ 신청양식 : 유교문화활성화사업단 홈페이지(http://www.opc.or.kr) 및
　　　　　　성균관 홈페이지(http://www.skk.or.kr) 공지사항 참조
▶ 접 수 처 : (03063)서울특별시 종로구 성균관로31 성균관 유림회관 208호
▶ 제출서류 : 1. 자필한시작품(양식참조)1부 2. 개인정보활용동의서1부.
▶ 응모내용 : 1. 형식(形式) : 칠언율시(七言律詩)
　　　　　　 2. 시제(詩題) : 湯之盤銘
　　　　　　 3. 압운(押韻) : 明, 成, 情, 瓊, 榮.

　　탕지반명(湯之盤銘)은 은나라 탕왕이 대야에 새겨놓은 "日日新 又日新"(나날이 새롭고 새로워라)를 말한다. 湯은 하(夏)나라를 무너뜨리고 은(殷=商)나라를 세운 왕이다. 盤은 세숫대야나 몸을 씻는 욕조와 같은 그릇이다. 銘은 쇠붙이나 돌 그릇 등에 새겨놓은 글이다.
　　　　　　　　　　　　　　　　　　　　　　　　　　[출전 : 『대학』]

▶ 시상내용

시 상 명	시 상	인 원
장원(壯元)	상금(100만원) 및 상패, 부상	1명
금상[방안(榜眼)]	상금(50만원) 및 상패, 부상	3명
은상[탐화(探花)]	상금(30만원) 및 상패, 부상	5명
동상[가작(佳作)]	상장 및 부상	24명

※ 상금은 세금을 제외하고 상품권으로 지급함

▶ **수상작발표** : 2021년 9월 10일(금) 성균관 홈페이지 또는 개별통보
▶ **시 상 식** : 2021년 9월 28일(화) 오전 11시 공부자탄강기념식
▶ **작성방법 및 주의사항**

  1. 작성방법
    - 漢字는 반드시 해서(楷書)로 작성해야 함 ※약자(略字) 불가
    - 양식에 따라 성명(姓名), 아호(雅號), 본관(本貫), 주소(住所) 및 우편번호, 전화번호(電話番號)를 반드시 명기하고 번역과 함께 제출

  2. 심사기준
    - 違題, 違廉, 字不正, 疊字, 疊意, 對不正, 蜂腰, 鶴膝, 下三仄, 下三平, 皆平頭, 皆仄頭 (기타 慣例에 따름)
    - 제한허용 : ①색보와 수보 3개 이하, ②상체렴 한 곳에 사용 가능

  3. 주의사항
    - 반드시 정자(正字)를 쓰고 훈음과 번역을 제출해야 함
    - 자필로 작성하지 않으면 고선에서 제외됨
    - 접수된 시고(詩稿)는 반송(返送)하지 않음
    - 출품된 한시와 한글 번역본의 저작권은 주최 측에 귀속됨
    - 제2회 성균관 전국한시지상백일장 시집은 본선 진출작 출품자에게 배포됨

▶ **문 의 처 : 02-745-9750**

개인 정보 수집 이용 / 제공 동의서

　본인과 관련하여 성균관이 본인의 개인정보를 수집 이용 제공하는 경우 개인정보보호법 제15조 제1항 제1호, 제24조 제1항 제1호에 따라 본인의 동의를 얻어야 합니다. 이에 본인은 아래의 내용과 같이 본인의 개인정보를 수집 이용 제공하는 것에 동의합니다.

1. 개인정보의 수집이용에 관한 사항
    - ■수집 이용 목적 : 귀하의 개인정보는 성균관 주최 2021년 제2회 성균관 전국한시지상백일장 지원자의 정보 수집을 목적으로 이용됩니다.
    - ■개인정보 수집항목 : 성명, 연락처, 주소, 기타 선정 관련 개인정보
    - ■보유 및 이용기간 : 귀하의 개인정보는 제공에 관한 동의일로부터 5년까지 보유 이용됩니다.
    - ■동의를 거부할 권리 및 동의를 거부할 경우의 불이익 : 위 개인정보의 수집 이용에 동의하지 않을 경우 제2회 성균관 전국한시지상백일장 참여가 불가능합니다.
2. 개인정보의 제공에 관한 사항
    - ■제공 받는 자 : 성균관
    - ■제공 받는 개인정보 이용 목적 : 개인정보는 성균관에서 주최 주관하는 제2회 성균관 전국한시지상백일장 응시 및 책자 제작을 위해 응시자의 정보 수집을 목적으로 이용됩니다.
    - ■제공하는 개인정보 항목 : 성명, 연락처, 주소, 기타 선정관련 개인정보
    - ■제공받는 자의 개인정보 보유 및 이용기간 : 동의일로부터 5년까지 보유 이용됩니다.

　본인은 위의 목적으로 본인의 개인정보 수집 이용 제공하는 것에 동의합니다.

동의함(　　　)　　　　　동의하지 않음(　　　)

2021년　　월　　일

성명　　　　　　　　(인)

成均館長 貴下

第2回 成均館全國漢詩白日場 詩集

漢詩의 세계

2021년 9월 23일 인쇄
2021년 9월 28일 발행

펴낸이 : 손진우
펴낸곳 : 성균관 유교문화활성화사업단

주소 : 서울시 종로구 성균관로 31 유림회관 2층 208호
전화 : 02-745-9750   팩스 : 070-7543-5996
홈페이지 : www.opc.or.kr
디자인·제작 : 성균관출판부
            전화 : (02)701-1856

---

* 잘못 만들어진 책은 바꾸어 드립니다.
* 이 책은 저작권의 보호를 받고 있으므로 무단복제 행위를 금합니다.

정가 20,000원
ISBN 978-89-85083-43-0 03140